ちくま文庫

人生にがっかりしないための16の物語

鴻上尚史

筑摩書房

人生にがっかりしないための16の物語

目次

文庫版まえがき

この本は、２００８年に『人生に希望をくれる12の物語』として出版された本に、あらたに4作（正確には、7作）を書き下ろしたものです。

『人生に希望をくれる物語』は、文庫にならずに、長い間、ほったらかしにしていました。

いくつかの出版社から、「出しませんか？」と嬉しい誘いをもらったのですが、12作だと文庫にするのにすこし少なく、書き足そうと思っているうちにダラダラと時間が過ぎてしまいました。

でも、僕にとっては、とても愛着のある本でした。

それは、選んだ本のラインナップを見てもらえば分かるように、古典中の古典、名作中の名作を紹介しているからです。どの本にも深い思い入れがあり、それをちゃんと残したいとずっと思っていたのです。

今回、やっと、２０２５年現在、深く心に残っている作品を書き足して、出版できることになりました。

最初の12作の部分は、２００８年出版のまま、年数などの表現は変えていませんが、言葉として古くなったものは、書き足したり変えたりしました。

「人生が一度しかないことに対する抗議として、人間は物語を発明した」なんて言い方があります。

自分の人生がたった一回だからこそ、いろんな物語を読み、知り、自分の人生の可能性を考えるだけで、なんだか自分の人生が豊かになったような気がします。

そして、物語から発見することがあります。それは、評論や実用書から教えられる価値とは違います。

物語を味わうことは、人生そのものを体験することです。ビジネス書や新書のような「大切な知識」だけを得るのではなく、「たいして重要でないノイズ」も経験します。それを含めて物語で、それが人生そのもので、だからこそ、物語から得た価値は、読者の実人生にしみ込むのだと僕は思っています。

どうか、16の物語を味わって下さい。

なお、２００８年の『人生に希望をくれる12の物語』の「はじめに」を載せておきます。

さまざまな物語を、ごゆっくり、お楽しみ下さい。んじゃ。

はじめに

この本は、僕自身が読んで「生きる希望」を感じることができた12の物語について書いています。

小説が10作品、戯曲《ぎきょく》とマンガがひとつずつです。

どの作品も、単純にハッピーエンドなものではありません。悲劇的な終わり方をしているものもいくつかあります。

が、悲劇的な結論でも、僕には希望をくれたと感じる作品です。その理由はいろいろですが、どれも、「人生」と「物語」に対する見方を教えてくれた作品です。

単純にストーリーが希望に満ちているとか、気持ちよく泣けるということと、本当の意味で生きる希望を感じることは、別なんじゃないかと僕は思っています。

12の物語は、僕が二十代の頃に読んで感動した作品で、二十年以上たった今、もう一度読み返して、やはり感動したものだけを選びました。

いわば、新しい古典としてこれから先も存在し続けるであろう作品です。ただし、「古典」というといかにも古めかしいイメージの、現代とは切り離された物語ではありません。初めて内容を知る人は、それが何十年前に書かれたことを知って驚くでしょう。

12冊の作品は、逆に言えば、今の僕、鴻上尚史《こうかみしょうじ》を作ってくれた作品です。これらの作品が、今の僕の作品に確実に影響を及ぼし、今の僕の作品の核を作ってくれました。

いつも僕は、「人生」と「物語」を考えています。どんな作品も、自分の人生と自分の抱える物語に対して、どんな影響を与えるのか、ということを一番にしてきました。

この12の作品が、あなたの抱える人生と物語について、なんらかの希望になれば、幸せだなと僕は思っています。

Chapter 1

ダニエル・キイス
『アルジャーノンに花束を』

（1966年）

一時期、僕は、なにかあるとこの本をプレゼントしていました。劇団のスタッフの誕生日や、目を輝かせた俳優志望の若者に、です。

それは、二十年ほど前のことでした。その頃、この本は、まったくのマイナーで、しばらくは（今では想像もできませんが）書店からまったく姿を消して、一部の読書好きしか知らない存在になっていました。

それが、ある時期から、あれよあれよと話題になるようになりました。気がつけば、タイトルはそのままで、日本が舞台という不思議なテレビドラマにまでなり（2002年と2015年の二回もです）、ものすごく有名な本になりました。本なんて読まないだろうと思っている若者も、この本だけは読んでいる、なんていう、理解しがたい現象も起こってきました。

今回、十代や二十代の若者の多くに、この本のタイトルを投げかけました。かなりの割合で読まれていることに、あらためて驚きました。高校生が読むのに相応《ふさわ》しい本、という言い方をしているホームページもありました。

一部のマニアしか知らなかった本当の名作は、大衆に愛される名作に、そして、有名になりすぎて今さら「好きだ」と言うには陳腐《ちんぷ》な臭《にお》いまで漂う作品になりました。

僕も、いつのまにかプレゼントすることをやめていました。希少価値としてのプレゼント、という意味がなくなってしまったと感じたからです。

僕は、その昔、ものすごい読書家の人から、この本を教えられました。SFマニアで、数万冊の蔵書があるというその人は、とても熱っぽく、この本を読みなさいと勧めてくれました。

今、あの人は同じ口調で若者に語っているのだろうかと思います。過剰に売れてしまったが故に、もう、彼はこの本を無視しているのかもしれない。

名作を紹介する特集などでは、大衆の手垢《てあか》がつき過ぎた作品として、つまりはそれだけの理由でリストから外されるかもしれない。

けれど、名作はやはり、名作なのです。

今回、読み直してみて、あらためて、そう感じました。

それは、人生と人間に対するはっきりとした絶望とはっきりとした希望がともに描かれている、と感じるからです。

あらすじは、言うまでもないでしょう。三十二歳の知的障害者であるチャーリイが、手術を受け、天才となり、やがて、また、知的障害者に戻る、というシンプルなものです。

アルジャーノンというのは、さきに、手術を受けて、知能が高度化したネズミの名前です。

アルジャーノンは、迷路の名手で、手術前、チャーリイより早く迷路を抜け出すことが可能でした。

チャーリイは、アルジャーノンに親しみを感じ、仲良くなりたいと願うのです。

物語は、チャーリイが経過報告を書くというスタイルで、一人称の文体で綴《つづ》られています。最初は、文法もメチャクチャ、漢字も少なく、知的障害がはっきりと分かります。

それが、〝天才〟になるにしたがって、どんどん漢字が増え、文法の間違いもなくなり、複雑な文章に変化していくのです。

多くの十代の読者が、まず、この本を受け入れられるのは、最初の40ページほどの、漢字が少なく、ひらがなが多用されている文章のせいじゃないかとも思います。

話はちょっと脱線しますが、俳優のタマゴである若者と話していると、まったく活字を読まない、なんて人がたくさんいます。その理由のひとつを聞いて、はっとしたことがあります。

「親切な本だと、難しい漢字に読み仮名《がな》がふってあるでしょう。でも、あれって、一回だけなんですよね、ひとつの本で。だから、最初に、緞帳《どんちょう》と読み仮名をふってくれてても、30ページ後にもう一回出てきた時には、もう、ふってないんですよ。そんなの、一回出てきただけで覚えられると思いますか？　僕の頭が悪いのかなあ？　みんな、一回、読み方が分かったら、絶対に忘れないのかなあ。僕なんか、二回目の読み方が分からないから、本の後ろの方になるほど、どんどん読めない漢字が増えてきて、もう、嫌になるんですよね。で、読み通せない本が増えるんです」

僕は、この発言を聞いて以来、なるべく、何度も読み仮名（ルビ）を、校正の時にふるように決めました。けれど、出版社の校正担当の人は、30ページ後にもう一回、ルビをふるのは納得してくれても、1ページ後とか、3行後に、すぐにもう一回ルビをふるのには、難色を示します。

「緞帳《どんちょう》を見つめながら、舞台版『アルジャーノンに花束を』が始まる瞬間を待っていた。日本人がダニエル・キイスの原作を戯曲化した舞台だ。やがて、ベルが鳴って、ゆっくりと緞帳《どんちょう》が上がり始めた」

なんていう、連続するルビには、（既出？）とか（多すぎ？）とかの書き込みが必ず、つくのです。

『アルジャーノンに花束を』という作品は、ひらがなの多用と漢字の少なさによって、奇跡的に、まずは本嫌いの人を受け入れやすくする仕掛けから始まっている、と言えるのです。こんなことが日本で起こるとは、もちろん、作者のダニエル・キイスは予測してなかったでしょう。

さて、日本の読者は、まずは、チャーリイの職場の人間理解に衝撃を受けると、僕は思います。

チャーリイは、パン屋で働きながら、職場の仲間が、彼をバカにしていることに気づきません。

お酒を飲みたくはなかったけれど、おもしろいことがいっぱいあるからと、チャーリイはある日、酒場に誘われます。

「とてもたのしかった。ぼくはスタンドのかさを頭にのっけてカウンターの上でおどりをおどったりしてあそんだのでみんなわらった。（中略）みんなは酒をいっぱい飲ませてくれてチャーリイはよっぱらうとおもしろいぞとジョウがいった。つまりみんなはぼくが好きだといっているんだろう。なかなかたのしかったけれどもぼくも早く新友のジョウカープやフランクライリイみたいにかしこくなりたいものだ。

パーティがどういうふうにおわったのか覚えていないけれどもみんながあの角をまがって雨がふっているかどうか見てきてくれといったので見てきたらもうだれもいなかった。きっとぼくをさがしにいったのだろう。ぼくはおそくまでみんなをさがしまわった。しかし道がわからなくなってしまって迷子になってしまった自分がなさけなかったアルジャーノンならこんな道は百回もいったりきたりしてもぼくみたいに迷子になんかならないだろうから」

この部分を読んで、「いじめ」のことを想像しない読者は、日本にはいないんじゃないでしょうか。

チャーリイが雨がふっているかどうか見ようといなくなった後、大笑いしながら、またはニヤニヤと笑いながら、その場からいなくなる風景を、誰もが、まざまざと想像できるのではないかと思います。

特に、若い読者ほど、このチャーリイがいじめられる風景は、リアルに想像できるはずです。

そして、自分のことのように胸を痛めるのです。

知的障害者の成人センターのキニアン先生は、この経過報告を読んで、チャーリイにこう言い、そして、彼は書き留めます。

「あなたは立派なひとでいまにみんなの鼻をあかすでしょうと彼女はいった。なぜですかとぼくはきいた。気にしなくてもいいけどみんながあなたの考えているようないい人じゃないことがわかってもがっかりしちゃだめよと彼女はいった。（中略）ぼくの友だちはみんな頭がいいしみんないい人ですよとぼくはいった。みんなぼくのことが好きでいじわるなんかしたことないですよ。するとキニアン先生の目の中になにかたまってきて洗面所へ走っていかなければならなかった」

この無意識・無自覚に、悲しいことですが、僕たちは感動します。そして、いじめを無化できる唯一の方法かもしれないと夢想するのです。

僕は、この無意識・無自覚を思うと、いつも『電車男』（2004年）を思い出します。悪意が実体化した「2ちゃんねる」で（2025年時点、「5ちゃんねる」に名称変更。日本最大のインターネット掲示板ですが、その「悪意」が、ネット全体に広がることで、相対的に位置は下がったと言えるでしょう）、心を開き続け、おしゃれなレストランを聞き、恋愛の次のアドバイスを聞き続ける存在というのは、現代における無意識・無自覚の究極の姿です。

「ヘンタイ」だの「お前は基地外」だの「死んでくれ」だのの言葉を全《すべ》て無視して、ただ、ネットの向こうから飛んでくる言葉をすべて善意に取り続けなければ、『電車男』は成立しませんでした。そして、チャーリイのように、几帳面《きちょうめん》な経過報告を書かなければ。

けれど、標準的な知能のある成人男性に、そんなことが可能なのか？　レストランのアドバイスが書かれた次の行に、「ヘンタイはオナニーして死ね」と書かれた文章を見ることが平気な存在とは、どういう存在なのか？　そして、そういう文章を書く相手も読むと分かっていて、ちゃんと経過報告を書き続ける精神とは、どういう精神なのか？

電車男がチャーリイのような無自覚な善意の固まりでなければ、フィクションと考えるしかないだろうと、僕は思っています。そんな人間は実在しない。なぜなら、生身の人間は、無意識・無自覚という唯一の方法以外では、2ちゃんねるの悪意を無化できないからです。

平均的な知能を持つ人間は、無意識・無自覚であり続けることは不可能です。相手の悪意を知りながら、それでも意識的に無意識になることは、宗教的情熱とでも呼べる行為です。それは、例えば戦場で傷ついた敵を助けたり、自らの食物を子供に与えて餓死する親の行為に匹敵します。

『電車男』があれだけのブームになったのは、悪意の海の中で，心を開き続けたその行為に人々が感動したからじゃないかと僕は思っています。

それは、その行為には、大変な勇気が必要だと、みんな知っているからです。

相手の悪意に、意識的に無意識になる行為は、例えば、『鈍感力』（渡辺淳一　集英社）と呼ばれるものでしょう。

けれど、2ちゃんねるの悪意に対して完全に鈍感になり切るような奇跡は存在するのか？

生身の人間であるチャーリイは、どんどんと知的レベルが向上し、とうとう、何が行われていたか理解します。

「ジョウやフランクたちがぼくを連れあるいたのはぼくを笑いものにするためだったなんてちっとも知らなかった。

みんなが『チャーリイ・ゴードンそこのけ』っていうときどういう意味でいっているのかようやくわかった。

ぼくははずかしい」

そして、知能が向上したチャーリイは、さらに悲しい現実を知ります。足をひきずっている同僚のギンピイが、こっそりと売り上げをくすねている現場を目撃するのです。ギンピイは、店主のドナーさんと家族ぐるみのつきあいをしているのに、売り上げを盗んでいる。チャーリイは、衝撃を受けます。

けれど、どうしていいか分からないのです。ドナーさんはチャーリイの恩人ですが、ギンピイはえび足で、三人の子持ちです。クビになれば、他の職にはつけないかもしれない。

ここには、人間に対するはっきりとした絶望があります。

人間というものは、どうしようもなくダメなものだという絶望です。それは、こんな人生は、だから生きるに値しないと続きます。

さらに、チャーリイは、自分を捨てた父親と母親に会い、もうひとつ深く、人間と人生に絶望するのです。

チャーリイの母親は、まるで日本人かと思うぐらい、世間の反応を気にしています。チャーリイが知的障害なのが問題なのではなく、世間から知的障害だと言われることが問題だと考えているとしか思えないのです。

「この子は正常よ！　正常です！　他の子供たちのように成長するはずです。他の子よりりっぱに」

母親は、小学校の教師に向かって叫ぶのです。そして、父親がそれを止めようとしますが、母親は聞きません。

今、読み返して、この夫婦関係のリアルさに、ぞっとします。

おそらく、二十代までの若い読者は、この部分の重さに気づかないでしょう。それよりは、チャーリイが、だんだんと知性を獲得し、それにつれて、性的に成熟して、夢精するエピソードの方に興味を持つはずです。そして、セックスをしようとしてもなかなかできない、というエピソードにも、関心を向けるでしょう。

けれど、夫婦のぞっとするディスコミュニケイションは、よく理解できないと思います。

この本は、いじめと世間体《せけんてい》とセックスに対する怯《おび》えという三つの要素によって、日本の若者の間でベストセラーになるように宿命づけられていたと言えます。

けれど、それだけではないのです。

父親と母親は、チャーリイの治療をめぐって対立します。少しも改善されない状態に母親は苛《いら》立《だ》ち、父親はますます治療にのめり込んでいく母親に苛立つのです。

「あたしはなにもヒステリーを起こしてるんじゃない。ただ、あたしが、あんたの息子のために何かをしようというたびに文句を言われるのはもううんざり。どうせ関心がないのよ。ほんとにどうでもいいのよね」

　母親がそう叫べば、父親は、

「そうじゃないって！　ただおれには、どうしようもないってことがわかってるだけだ。あの子のような子供が生まれたら、それは十字架なんだよ、あんたはそれを背負い、それに愛を注がなきゃならん。そうさ、おれはあの子を背負っていく、けど、あんたの愚かしいまねにはがまんがならないんだ。あんたはおれたちの蓄えを、いかがわしいインチキ野郎に、みんなつぎこんじまう——おれが仕事でのしあがるために使えるはずの金をね」

　と、返すのです。自分の理髪店を持てたはずなのに。こんなに体をすり減らすほど働かなくてすんだのに。

「わめくのはやめて。あの子を見て、怯《おび》えているじゃないの」と母親がわめけば、

「勝手にしろ。ようやくわかったよ、ここにいるだれが間抜けかってことがね。このおれさ！　おまえのようなやつにがまんしてるんだから」

　父親はドアをたたきつけ、すごい勢いで出ていくのです。

家庭に病人を抱えた経験がある人なら、この絶望的なコミュニケイションを理解することはたやすいでしょう。どちらが悪いということではないのです。ただ、人間は、こんな試練には耐えられないという、冷徹な分析があるだけなのです。それは、人間に対する絶望でもあります。人間の可能性に対する絶望です。人間は、変わることができないという絶望です。

そして、チャーリイは、母親に会いにいきます。けれど、母親は半ばボケていて、チャーリイの現在をはっきりとは理解しません。そして、チャーリイのことを毛嫌いした妹とだけ会話が成立するのです。

妹は生活に疲れ、チャーリイの肩で泣きます。

「ああ、チャーリイ、よく戻ってきてくれたわね。あたしたちにはだれかが必要だったの。あたし、もう疲れてしまって……」

子供の頃、兄を嫌悪し、本当の兄ではないと、友だちに言って回っていた妹は、こう泣いて兄にすがるのです。

「チャーリイ！　いや、行かないで！　（中略）あたし、怖い！」

その風景を見て、ボケた母親は、知的障害の兄が妹に悪さをしている風景だと誤解して、ナイフを突きつけます。妹が生まれて以来、母親の最大の心配ごとがこれだったのです。

家を出たチャーリイは、子供のように泣きながら車へ戻りました。

「家のポーチを振りかえると、男の子が窓ガラスに頬っぺたを押しつけてこちらを見つめていた」

この文章を、そのまま受け取れば、これは、妹ノーマの子供ということになります。そして疲れ切っているということは、妹もまた、母と同じように夫と別れていることになるのです。

この風景を、チャーリイは、だんだんと知性が退行していく中で見るのです。これほどの絶望的な風景もそうないだろうと思います。人生に対する絶望です。人生は、がんばっていれば、きっとよくなっていくという信頼がこわれる絶望です。

まだまだ、この作品には、はっきりとした絶望がいたるところにあります。けれど、この作品が奇跡的なのは、読後に、決して、絶望だけが残らないことです。

有名な最後の2行によって、人間に対する希望さえ感じるのです。ネタバレになるので、まだ読んでない人のために詳しくは書きませんが、「人間はすてたもんじゃない」——「こんな人間がいるんだから、もう少し人生を生きてみよう」と思える希望の文章なのです。

絶望の中に、はっきりとした希望を感じ、その二つが鮮やかにぶつかり、人は最後の2行を読んで泣くのです。

十代や二十代の前半だけに読んで終わらせるには、あまりにももったいない名作だと、僕は思っています。

年を重ねれば重ねるほど、間違いなく、人は人間と人生に絶望します。そして絶望はどんどん深くなります。大人になれば、浅い絶望の物語には感動しなくなります。かといって、絶望の深い物語は、現実の人生そのもので、感動はしません。

深い絶望に拮抗《きっこう》する希望が描かれた作品にのみ、感動するのです。

この物語は、深い絶望を描き、同時に希望を感じさせるからこそ、名作なのです。

Chapter 2

G. ガルシア＝マルケス
『百年の孤独』

（1967年）

僕が演劇を始めた80年代の初頭、「物語」は、激しく攻撃されていました。「物語」であるというだけで、それは、古く、廃止すべきものだと考えられ、それが〝最先端〟の思想であるような風潮がありました。

最初、僕はその考え方に惹《ひ》かれました。物語は、現実から僕たちを遠ざけ、現実の本質から目をそらさせる、という考え方に賛成したのです。

「どうして別れたの？」と問いかければ、人はさまざまな理由を語ります。相手の親が反対したとか、彼が浮気をしていたとか、妻が新興宗教に入れあげてしまったとか。

その理由を聞きながら、けれど、別れた「本当の理由」はそんなことじゃないと感じたことはないですか。それは、とても分かりやすい理由だけど、本当は違うんじゃないか。目の前で哀しんでいる人は、自分が一番理解しやすい物語を選んでいるだけなんじゃないのか。

それは、自分から別れを切り出す時、実感されます。本当は、そんなことじゃないけれど、相手に聞かれて、とりあえずの理由を語ります。相手が求めるからです。でも、本当はそんなことじゃない。うまく言葉にはできないけれど、そんなことじゃない。

理由なんかないかもしれない。ある日突然、好きになって、ある日突然、嫌いになっただけかもしれない。そこには、説明できる明確な理由はない。けれど、相手はそれでは納得しない。

物語とは、つまりは、現実の解釈です。自分の身に起こったことを、どう解釈して自分を納得させるのか。どう相手に伝えるのか。そこからすべての物語は始まります。そして、人間は、もちろん、現実を自分の都合のいいように解釈します。

そして、たぶんこれが一番の問題なのですが、大人も子供も現実に疲れれば疲れるほど、より分かりやすい物語を求めるようになるのです。

80年代、例えば、二時間の推理ドラマで、番組の冒頭、ちょっとしかでないマンションの管理人の役に、大物俳優がキャスティングされていれば、その人が間違いなく犯人でした。その大物俳優は、番組の後半で、長々と犯行動機を涙と共に断崖近くで語ったものです。僕たちは、キャスティングと冒頭の十分で、犯人を当てることができました。

そして、驚くことに、この分かりやす過ぎる物語は、反発されることなく、人生に疲れた人たちによって、好意的に広く受け入れられたのです。

それは、視聴者が抱えている、人生の複雑さの反動と言えました。

けれど、フランスを中心とした一部の人たちは、そんな明快な「物語」は、人生の複雑さを隠すことにしかならないと言い出したのです！　人生を都合よく解釈し、分かりやすい物語を作ることは、人生の本当の可能性を奪っていると、断言したのです！

失恋したのは自分の問題ではなく、血液型が相手とあわなかったか、星座がずれていたか、先祖の因縁だったのか、つまりはすべて「相性」という明快な物語で片づけていた人たちに対して、そんな分かりやすい物語は、人生をダメにすると、１９８０年前後、自分を最先端だと思い込んでいた一部の人たちは、堂々と宣言したのです！（！が多いですが、今の時代から考えると、！はいくつ使っても足らないと思っています）

そして、起承転結の明快な物語を否定することが、時代の潮流となりました。筋のない、クライマックスのない、または筋が複雑に交錯する、または混沌とした筋ともいえないもので構成された〝物語らしきもの〟が大量に生まれました。

現実は一枚の鏡のような単純なものではなく、割れた鏡のようなものだ。だから、私たちの作る作品は、粉々になった破片のひとつひとつに映っている現実を描写しよう。

そんなスローガンのもと、明快な筋のないものが次々と創られました。

「アンチロマン」と言われたり、「非物語」と言われたり、「やおい」（山なし、おちなし、意味なし）と言われたりしました。僕の仕事場だった演劇界では、「小劇場型入《い》れ子《こ》構造」なんて言われ方もしました（入れ子構造を、Ｃｈｉｎｅｓｅ　ｂｏｘｅｓなんていう英語で紹介した人もいました）。

けれど、すぐに、「起承転結」を否定することだけが、物語の否定だろうかと、人は考えるようになりました。

物語を否定するとは、「起承転結」や「明快な筋」を否定するだけではなく、意味のつながりそのものを否定することなんじゃないかと、気付いたのです。

だって、「起承転結」とは、結局、誰が何をしたからこうなった、というつながりです。あることとあることを「つなげる」ということです。

それは、「意味づける」ということなのです。ひとつの行為が、それだけで終わるムダなことではなく、次につながる、と考えることです。

あなたはこの文章を本屋で立ち読みします。『百年の孤独』という本に興味を持ったあなたは、店内を回ります。が、なかなか、見つからない。書店の男性（女性）に声をかけ、『百年の孤独』を探してもらいます。店員さんは、本好きであれば、『百年の孤独』は間違いなく知っていて、感銘を受けているはずです。

自分が感動した本を紹介するのは嬉しいことです。店員さんは、たぶん、楽しそうにあなたを案内するでしょう。いつもなにげに本屋に立ち寄るあなたは本好きなんだと、あなたのことをインプットするはずです。あなたは店員さんに案内されながら、ふと、魅力的な人だなあと店員の微笑《ほほえ》みを見て思います。その笑顔は、自分の好きな本を紹介できる喜びなのですが、あなたにはとても新鮮に映ります。

やがて、書店を訪ねるたびに、店員さんはあなたに気づき、あなたも挨拶を交わすようになる……。そこから何かが起こるかもしれない。

あなたは思います。「この文章を立ち読みしたこと」が「魅力的な店員さんと挨拶するようになること」につながったんだと。

これが、二つのことを「意味づける」ということです。

けれど、賢明なあなたがすぐに気づくように、厳密に考えれば、この二つはなんの関係もありません。あなたが文章を立ち読みし、『百年の孤独』を依頼することが、間違いなく店員さんと知り合うことを用意することにはならないということです。

それは、僕たちがよく知ってる言葉でいえば、〝偶然〟です。

勉強をたくさんしたからといって、いい大学に絶対に通るかどうかは、保証できません。それは、厳密にいえば〝偶然〟です。一生懸命働いたら、必ず、給料が上がる、という保証もありません。あなたがどんなに一生懸命働いても、会社は倒産するかもしれません。「働くこと」と「給料が上がる」ことは、厳密に言えば、イコールではないのです。冷静に考えれば、それは、〝偶然〟のつながりでしかないのです。

黄色のサイフを持つことが金運が上がることだと、必然のように考えている人がいますが、それも、賢明な人なら分かるように、はっきりと偶然です。

つまりは、人生には、なんの必然的なつながりもない、どうもそれが人生の本質らしいぞとあなたは気づくのです。

と書きながら、そんな偶然の連続は嫌だ！　と多くの人は叫ぶでしょう。黄色のサイフは偶然でもいいけれど、「働くこと」と「給料が上がる」ことが必然ではなく、偶然だなんて耐えられないと。

僕だって、そう思います。「いい文章を書くこと」と「本の売り上げ」の関係はイコールじゃなくて、偶然なんだと言われたら、「じゃあ、いったい、何を信じて文章を書けばいいんだあ！」と叫びだしたくなります（でも、実際、こんなことは普通に起こるんですよね）。

人生の本質が〝偶然〟だと考えることは、私たちを極度に不安にします。

あなたは、毎朝、眠い目をこすりながら遅刻しないように満員電車に揺られる。けれど、それが出世につながるかどうかは、偶然でしかない。あなたは一生懸命、ダイエットし、おしゃれする。けれど、それが素敵な相手を見つけることにつながるかどうかは、偶然でしかない。そんな意味のつながりを無視した人生観を受け入れることができる人は、本当に少数でしょう。いえ、そもそも、あなたは「どうしてそんな人生観を受け入れなければいけないの⁉」と叫ぶかもしれません。

例えばそれは、山に木を植え続ける老人のような人生です。年老いても、山に木を植え続ける老人の行為は感動的です。それは、まず、自分が植えた木の報酬を受け取るという必然を無視しているからです。

今植えても、木が成長し、売り物になるまでには、少なくとも十数年以上かかる。その時、老人は間違いなくこの世にはいない。なのに、老人は働き続ける。「働くこと」と「報酬を受け取ること」の必然を老人は軽やかに無視する。

そして、もうひとつは、木の成長の偶然を受け入れている、ということです。木は成長するかもしれない、しないかもしれない。それでも、木を植え続けられるのは、偶然に負けない意志の強さです。

例えば、その報酬は老人の孫が受け取るかもしれない。受け取らないかもしれない。そもそも、山を守るという大切なことのために、木は切られないかもしれない。なんの必然も信じられない、偶然だけの労働を続ける意志の強さです。

ぶっちゃけて身も蓋《ふた》もなく言えば、〝偶然〟を受け入れ、〝偶然〟の人生を生きられる人は、意志がものすごく強いか、ものすごく鈍感か、親の遺産がたくさんあるか、どれかでしょう。

あなたがぼんやりと気づいているように、人生に意味なんてありません。それは、生きる意味がないように、死ぬ意味もないということです。

そういう意味では、物語を拒否する80年代の宣言は、真実を語っただけなのです。

生きるのは、子供のためだとか、愛する人のためだとか、お金のためだとか、幸福のためだとか、それは、全部、フィクションです。本人が勝手に必死にとりあえず、意味をつけているだけです。

とりあえず意味をつけていることを忘れてしまうと、「母親らしく」「日本人らしく」「子どもらしく」「父親らしく」「高校生らしく」なんて言葉に振り回されて、殺人まで起こってしまうのです。

敏感な人は、とりあえずつけているだけだから、時々、全てが嫌になって、どーでもよくなります。無意味であることに気づくのです。

ですから、「生きる意味なんてないじゃん！」と自殺志願者が叫べば、すぐに、「死ぬ意味もないじゃん！」と叫び返すことができるのです。

「つらいから死ぬんだ」と言えば「死ぬ時はもっとつらいぞ」と返せます。

「その時つらくても、すぐに楽になるんだ」と言われれば、「楽になるかどうかの保証なんてないだろ。だから、このつらさが永遠に続くかどうかの保証もないよ」と返すことができるのです。

といって、意味のつながりを作っていくことが、悪いことなのではありません。それを悪いことだと言ってしまえば、宗教は、悪そのものになります。

人類にとって、一番大きな物語は、つまりは、なにかとなにかをむすびつける一番大きな力は、宗教です。宗教は、あなたの存在の意味を説明してくれます。あなたに死の意味を与えます。毎日の小さな積み重ねが、やがて天国や極楽につながるのです。「どうして愛する人は死んだのか？」――寿命だとか先祖の因縁だとか神の意志だとか、宗教は明快な意味をつけてくれます。そして、人間はやっと安心できるのです。

本当に「物語」を拒否するのなら、宗教を拒否しなければいけないのです。それは、つまり、自分の人生の意味を否定することになります。

80年代、人々はここまで気づいたのです。

気づいて思いました。果たして、そんなことができるのか？

ここで人間はやっぱり意味を求める存在なんだ、としたり顔で言うことは簡単です。21世紀の現在、物語に溢《あふ》れた状況を見れば、物語の否定は、まるで麻疹《はしか》のように一過性の流行だったのかと感じます。

けれど、「物語」を拒否したあの時代の無謀《むぼう》さを、今、僕はいとおしく思うのです。それは、60年代の学生運動がたどり着いた、「学生であることの否定」の無謀さに通じると、僕は考えます。

あの当時、初期の学生運動が提出した「学生の否定」は、つまりは、本当の学問とはなにか？　ということでした。企業の要請を受けて産業に奉仕することが学問なのか、企業戦士を作ることが大学の使命なのか、学問とは生産のための知識でしかないのか、という本質的な問いかけでした。

そして、解答のないまま、学生運動の季節は終わりました。本質的な質問は、解答を誰からも得られないまま、永遠に封印されたのです。

同じように、人間は安易な「物語」を拒否すべきではないのか？　人間にとって「物語」とはどんな意味があるのか？　という本質的な質問は、「人間てやっぱり、物語が必要だよね」というムードによって永遠に封印されたのです。

それは、「大学に行った限り、ちゃんとした会社に就職しないとね」という昨今の常識が、本質的な問いを封印したのと同じです。

気がつけば、「どうしたらヒットするか？」という視点だけで「物語」は語られるようになりました。

『百年の孤独』を読むと、深い解放感に包まれます。それは、意味なんてないと感じている人生に対して、過剰な意味を対置することで感じる解放感です。

作者のガルシア＝マルケスは、ラテンアメリカ文学の代表者で、その手法は、〝魔術的リアリズム〟と言われています。

『百年の孤独』は、荒唐無稽《こうとうむけい》な物語に溢れていて、この物語を要約することは、不可能です。

しいて言えば、南米の村マコンドを舞台に、ホセ・アルカディオとウルスラという夫婦から始まる一族の百年の孤独の物語です。

けれど、百年ではとても収まりきれないぐらいの登場人物が続々と現われます。読者は、間違いなく、誰が誰だか分からなくなります。

登場人物も、平気で百年以上生きている人もいれば、シーツを握ったまま風に吹かれて消えてしまう人や、子どもの頃から未来を予知できる能力がある反体制の英雄や、教会建立の資金を集めるために空中浮遊を実演する神父や、廊下の片隅で縫いものをしている死神や、いろんな人が続々登場します。ふう、書いていてくらくらします。なにせ、魔術的リアリズムですから。

僕が初めてこの物語を読んだのは、大学時代、劇団をうんうん言いながら運営している時期でした。人間と葛藤《かっとう》と孤独と事件に溢れた物語を読みながら、僕は自分がどんどん楽になっていくことに驚きました。

それは、自分の小さな現実と正反対の過剰な物語に溢れていたからです。過剰な恋愛、過剰な死、過剰な戦い、過剰な出産、過剰な不安、過剰な孤独に物語は満ち満ちていました。

あの頃、僕は、劇団の小さな事件に心を痛めていました。誰が誰とつきあっているだの、誰が誰をふっただのという、現実の事件に心底疲れ切り、絶望していました。けれど、『百年の孤独』には、そんなささいなエピソードは登場しません。あるのは、誰が誰の子供を産んだだの、誰と誰が愛のない結婚をしただの、誰が死んだだのという、およそ日常のレベルを超えた事件が、これまた、日常のレベルを超えた密度で登場するのです。

それは、ちょうど、「人生なんて意味ないじゃん」という絶望に対する強烈なカウンターパンチでした。「人生に意味があるかないか分かんないけど、とにかくこんなにすごい事件がこんなに連続して続くんだよ!」と叫んでいました。つまり、事件を意味だとすれば、「人生なんて意味、ありすぎじゃん」という宣言だったのです。

そして、濃密な事件を連続することで、読者を、「人生には意味がない。だからこそ、こんなに意味を与え続けることができるんだ!」という衝撃的な発見に導くのです。

つまりは、「人生には意味がない」ということと「人生には意味がありすぎる」ということが同じなんだということが、肯定的な感覚で感じられるのです。

だって、あれよあれよと、いろんなエピソードが続くと、だんだんと、ひとつひとつの事件を悩むことがバカバカしくなります。見えてくるのは、時間だったり歴史だったりします。

人間は、愚かにもいろんなことをし続ける。繰り返すこともあれば、違うことをすることもある。けれど、たいていは、いろんな人とぶつかり、予想外の結論にあたふたし、他人を傷つけ、傷つけられる。

それは、意味のあることでもあるし、意味のないことでもある。だって、百年という時間で見れば、ひとつひとつのエピソードは、重大なことであり、同時に重大ではない。

これが、「過剰な意味」を人生に与えることで、人生の意味のなさを鮮やかに描き出すことになるのです。

そして、人生に意味なんてないから、意味を与えよう。それも、うんと過剰な意味を与えよう。そうすることで、人生の意味のなさを嘆くことがいかにバカバカしいかを感じるようになる、と続くのです。

そして、『百年の孤独』の過剰な意味に溢れたそれぞれの人生を見ていると、だんだんとおかしみさえ感じるようになります。それが、笑いにつながる解放感になるのです。人生の意味のなさを肯定的に認める感覚。それは、人間の深い部分を楽にするのです。

僕は大学時代、初訳版を読みました。今回、改訳版を手に入れました。そこには、作者ガルシア＝マルケスのこんな言葉が紹介されています。

「ぼくが驚くのは（中略）この本を出版したあと、ぼく自身が見つけた四十二の矛盾のどれひとつについても、また、イタリア語の翻訳者から教示されたが、誠実ではないだろうと思うので再版でも翻訳でも訂正しなかった、六つの重大な誤りについても、誰ひとり指摘する者がいなかったということだ」

登場人物は、百人以上。それぞれが複雑に絡み合いながら、百年を突っ走っています。この百年は、空から黄色い花が降ってくることもあれば、何年も雨が降り続くこともあります。

そんな中で、それぞれの関係の矛盾なんて、いちいち気づくわけがないのです。いいえ、大学時代、僕はこの本をじっくりと読みました。今回、再読するために久し振りに（改訳版を）読み返したのですが、いやまあ、読んでも読んでも終わらない。

この本は、人生の一時期、ゆっくりと人生を振り返ろうという時間がある時に読むのがふさわしいのではないかとさえ思います。

けれど、同時に、矛盾があるとして、それをまったく気づかせず、読み通させる「物語」の力をちゃんと感じるためには、まさに、エネルギーに溢れた時期に読むことがふさわしいのではないかとも思うのです。

この物語は、エネルギーに溢れています。人生に意味があるかないかなんて、知ったことじゃない。あなたがそのことに悩んでいるかどうかも知ったこっちゃない。ただ、人間はこんなことを連続して起こしているんだ、という、矛盾も過ちも関係ない、うむを言わさないエネルギーです。

これをちゃんと受け止めるためには、若さが必要なのかとも思います。

とすれば、二十代でまず出会い、四十代で再び出会い、そして七十代でじっくりと矛盾と重大な誤りを見つけるつもりで読むのが、この本との正しいつきあい方なのかとも思います。

『百年の孤独』は、物語とはなにかという本質的な問いに対して、過剰な意味を対置することでひとつの解答を与えました。

その結果、物語の二つの側面を知ることになります。

ひとつは、〝人生を支える物語〟という面です。過剰な意味に溢れた物語を読むことで、特に、僕は愛人として出産を繰り返したピラル・テルネラの物語を読むことで、大学時代、ずいぶんと楽になりました。こんなにポンポン出産している女性を知ることで、劇団員たちの現実の愛の事件をたいしたことではないと考え、冷静に見られるようになったのです。

そして、もうひとつの側面、〝人生を破壊する物語〟ということも体験しました。

この長い物語に没入することで、その当時、自分が直面していた現実を一時的に忘れ、解答を与えないまま、先のばしにしたのです。そして、〝自然に〟問題が解決するように祈りました。もちろん、問題は、〝自然に〟は解決せず、もっとやっかいなことになりました。

なぜ、『百年の孤独』なのでしょうか?

生きる意味も死ぬ意味もない人生の中で、確かなものは『孤独』だということなのでしょうか。

こんな文章があります。

「さらに憎悪や愛からではなく孤独から生まれた、はかりしれない憐憫によって、レベーカを悲惨な泥沼から救えたにちがいなかった」

孤独がはかりしれない憐憫を生むと作者は書くのです。

こんな文章もあります。

「メメは手の重みを膝に感じ、その瞬間にふたりが孤独の彼岸へと達したことを知った」

ふたりだと孤独を忘れられるのか。その直後、こう文章は続きます。「(メメ)は男に夢中になった。睡眠や食事を忘れ、孤独に深ぶかと身をうずめて、父親さえじゃまだと思うようになった」

彼岸へと達したはずなのに、同時に深ぶかと身をうずめるのです。

さらにこんな文章。「同じ血でつながったふたりの孤独な男のこの接近は、およそ友情からはほど遠いものだったが、彼らを引き離しも強く結びつけもする測りがたい孤独を耐えていくのには役立った」

孤独のさまざまなイメージが、この物語には溢れています。ひとつの固定したイメージではありません。

あなたの抱える孤独と同じものも、きっとこの物語にはあるのです。そして、あなたの人生と重なる登場人物を見つけるかもしれません。その人生は、意味がなくて、意味があるのです。

あなたはこの物語によって、人生には意味がなくてもかまわない、意味がないのなら、過剰な意味をこっちでつけてやろうと、楽しみながら思うようになるかもしれません。

一冊の書物がそんな感覚を人間に与えるとしたら、それは、奇跡と呼ぶにふさわしいものだと思うのです。

Chapter 3

浜田廣介
『泣いた赤おに』

（1933年）

子供の頃に読んで、ずっと、気になっている物語が、あなたにはあるでしょうか？ 喉《のど》に刺さった小骨のように、あなたの記憶のどこかでしっかりと生き続け、成長する精神と共に、気になる部分が謎に変化していった物語はあるでしょうか？ そして、大人になればなるほどその謎は深く大きくなっていく、そんな物語はあるでしょうか？

といって、その謎は、難解なのではなく、むしろ、単純すぎるほど明快な構造なのです。なのに、大人になればなるほど、その謎は大きくなっていく。そんな物語をあなたは読んだことがあるでしょうか？

僕にとって、それは、『泣いた赤おに』でした。

初めて読んだのは、たしか、小学校の低学年です。絵本だったと思います。読んで、いきなり、僕は最後のページで泣きました。

それまで、僕は昔話というものを甘く見ていたので、強烈に感情を揺さぶられたことに、まず驚きました。

『桃太郎』から始まる昔話、お伽話《とぎばなし》たちは、本当の興奮という感情とは無縁だったと思います。

いいえ、もう記憶も確かではない、三歳の頃には、本気でワクワクしたのかもしれません。けれど、物心ついた時には、昔話は、昔からそこにあるもので、とりあえず読んでいれば大人が満足するもので、無難に時間を過ごせるものので、ある距離を感じるものでした。

そんな子供は、やがて、昔話に飽きて、マンガに飛びつきました。そこには、本当の興奮がありました。どうにも、マンガに比べて、昔話はぬるく、退屈なものでした。けれど、『泣いた赤おに』は別でした。こんなに短い物語なのに、こんなに感情を揺さぶられ、こんなに忘れられない印象を与えられたことに、小学生だった僕は驚きました。

図書館で偶然みつけたその絵本を読み出したのは、たんなる暇つぶしでした。どうも聞いたことがあるタイトルなので、ちょっと、読んでおくかという何気ない気持ちでした。

けれど、そこで、僕はがつんとやられたのです。

昔話と書いていますが、『泣いた赤おに』は、いわゆる古い昔話ではありません。作者は、浜田廣介《ひろすけ》。生涯、小説家ではなく、童話作家として1973年（昭和48年）、八十歳で亡くなるまで、幼年童話を書き続け、「ひろすけ童話」と呼ばれる作品群を生みました。

代表作は、もちろん、『泣いた赤おに』。1933年（昭和8年）の作品ですから、ある意味、昔話と感じる人が、いるかもしれません。

あらすじは、あらためて説明するまでもないでしょうが、念のため。

若く、素直な赤おにが、人間と友だちになりたいと思って、立て札を家の前に出しました。

「ココロノ　ヤサシイ　オニノ　ウチデス。
ドナタデモ　オイデ　クダサイ。
オイシイ　オカシガ　ゴザイマス。
オチャモ　ワカシテ　ゴザイマス」

けれど、村人は、立て札を怪《あや》しんで、赤おにの家には入りません。それどころか、だまして食うつもりじゃないのかと話し合います。それは違うと、窓から顔を出して、

「おい、きこりさん」と赤おには呼びかけました。が、その声は、人間たちにはぐっと大きくきこえて、慌てて逃げ出しました。

赤おには、毎日、おかしをこしらえて、毎日、お茶をわかして待ちましたが、誰も遊びに来ませんでした。心が優しくても、気短か者だった赤おには、立て札をバリバリと壊してしまいます。

と、そこに、山奥に住む青おにがやってきました。どうして、立て札を壊しているんだと青おには聞き、赤おには説明しました。

すると、青おには、今からふもとの村に行って、ひとあばれするから、途中で赤おにが止めに入るように言うのです。

「うんと、あばれているさいちゅうに、ひょっこり、きみが、やってくる。ぼくをおさえて、ぼくのあたまをぽかぽかなぐる。そうすれば、人間たちは、はじめて、きみをほめたてる。ねえ、きっと、そうなるだろう」

赤おには、でもそれではきみにすまないと言います。けれど、青おには、水くさいことを言うなと答えます。

「なにか、一つの、めぼしいことをやりとげるには、きっと、どこかで、いたい思いか、損をしなくちゃならないさ。だれかが、ぎせいに、身がわりに、なるのでなくちや、できないさ」

青おには、なんとなく、ものかなしげな目つきをみせて、でも、あっさりと言ったのです。

ためらう赤おにに、青おには、手を引っ張って、ふもとの村に行きました。そして、計画通り、青おには、村の家を襲いました。そして、赤おにが、途中で入ってきました。ためらう赤おにに、青おには、「ぽかぽか、つづけてなぐるのさ」とアドバイスします。「だめだい。しっかりぶつんだよ」とも言います。のぞき見をして、はらはらしていた村人たちには、たしかに、赤おにが青おにをこらしめているように見えました。

逃げる途中で、青おには、わざと柱の角にひたいを打ちつけようとして、強く打ちすぎて声を出します。赤おには、おもわず、「青くん、まてまて。見てあげる。いたくはないか」と言いながら、追いかけました。

村人は、こうして、赤おにはやさしい鬼だと思うようになります。お茶を飲みに、赤おにの家に来て、お茶もおかしもおいしいことに大喜びします。

そして、村人たちは、次々と赤おにの家をたずねるようになり、赤おにには、人間の友だちができました。もう、赤おには、少しもさびしくはありませんでした。

けれど、ひとつだけ、気がかりなことがありました。青おにのことです。あの日以来、青おにとは会ってないのです。青おには、赤おにをたずねてこないのです。

柱にぶつけたこぶが具合の悪いことになっているのだろうか？　と、赤おには、青おにの所に行くことにしました。

山をいくつか、谷をいくつか越えて渡って、青おにの住処《すみか》に着きました。

青おにの戸口には、張り紙がしてありました。赤おには、読みました。

「アカオニクン、ニンゲンタチトハ　ドコマデモ　ナカヨク　マジメニ　ツキアッテ、タノシク　クラシテ　イッテ　クダサイ。ボクハ、シバラク　キミニハ　オメニ　カカリマセン。コノママ　キミト　ツキアイヲ　ツヅケテ　イケバ、ニンゲンハ、キミヲ　ウタガウ　コトニ　ナルカモシレマセン。ウスキミワルク　オモワナイデモ　アリマセン。ソレデハ　マコトニ　ツマラナイ。ソウ　カンガエテ、ボクハ　コレカラタビニ　デル　コトニ　シマシタ。ナガイ　ナガイ　タビニ　ナルカモ　シレマセン。ケレドモ、ボクハイツデモ　キミヲ　ワスレマスマイ。ドコカデ　マタモ　アウ　日ガ　アルカモ　シレマセン。サヨウナラ、キミ、カラダヲ　ダイジニシテ　クダサイ。ドコマデモ　キミノ　トモダチ　アオオニ」

そして、最後の2行が続きます。

「赤おには、だまって、それを読みました。二ども三ども読みました。戸に手をかけて顔をおしつけ、しくしくと、なみだをながして泣きました」

先に紹介した『アルジャーノンに花束を』のラストの2行にも負けない感動的な文章だと思います。

小学生だった僕は、やはり赤おにと同じように泣きました。泣いて、心の中で、青おにのことを思いました。

その後、何回か、この物語を僕は読み返しました。絵本でも新書版でも、読みました。絵本で20数ページ、新書版では10ページ以下の短い物語ですから、何度も簡単に読めました。そのたびに、最後の文章で涙ぐむ自分を発見しました。

さすがに、今では、泣くことはなくなりましたが、それでも、体がじわりと感動します。

けれど、感動しながら、涙ぐみながら、何度も読んでいるうちに、だんだんとひとつの疑問が頭から離れなくなりました。

年を重ねていくうちに、だんだんと、それは、ひとつのシンプルな言葉になりました。

「どうして？」

それだけです。「どうして？」「どうして、青おには去ったのか？」「どうして、青おには赤おにを助けたのか？」「どうして、青おには黙っていなくなったのか？」

中学生のある時、この作品の「解説」として書かれた文章で、「無償《むしょう》の友情」という表現を見つけました。僕はすぐに、「無償」という意味を辞書で調べました。

「報酬のないこと」

すぐに「報酬」を調べました。

「労働・骨折りや物の使用の対価として給付される金銭・物品」

つまりは、青おにには、なんのお金も品物も受け取らないような、そんな友情を示したんだと、中学生の頭でぼんやりと理解しました。

「無償の友情」は、「美しい友情」と言い換《か》えれば、より理解しやすくなると気づきました。けれど、理解できても、納得はできませんでした。

そして、「それは違うだろう」と思いました。

そんな言葉でまとめていいのかと、中学生だった僕は思いました。そんな言葉を投げかける方が、青おにのしたことをずっとちっぽけなものにしてしまうような気がしたのです。

そして、大人になっても、ずっとそう思っていました。

とうとう、僕は、その謎をひとつの戯曲にしました。『ハルシオン・デイズ』という作品です。それは、「どうして、青おにはあんなことをしたのか？」を考え続ける物語でした。


登場人物たちは、いくつかの解釈をします。

例えばそれは、「青おには、死ぬために赤おにの所に来たんじゃないか」というものでした。

なんらかの出来事で、人生ではなく鬼生に絶望した青おには、最後の別れを告げに赤おにの家に来たんじゃないか。

そこで、絶望し、悲しみながら立て札を壊している赤おにを見ることになる。青おには、最後の最後に、自分の鬼生の意味を作りたかったんじゃないか。このまま死んでは、あまりに自分の鬼生は無意味すぎる。この世に何も残していない。

もし、ここで赤おにが人間の友だちを作ることに協力できれば、自分の生きてきた意味も少しはあったことになるんじゃないか。

そう思った青おには、一芝居打ち、そして、自殺したんじゃないか。

この思いから見えてくる青おにの鬼生は、否定され、無視され続けた一生だったということです。鬼に生まれ、誰からも求められず、ただ怖がられるだけの生涯で、初めて、自分以外の誰かのために存在する自分を感じる。そして、自殺することで、初めて、他の誰かの心の中に永久に生きていくことになると気づくのです。青おには、二度と赤おにと会わず自殺することで、初めて生きていた意味を創《つく》り出すのです。

『ハルシオン・デイズ』の別の登場人物が言います。

例えば青おにには、赤おにを憎んでいたんだと。赤おにの書いた立て札の文章を読んで、青おにには、心底、赤おにのことを嫌悪した。

だって、友だちになってくれるなら、おかしやお茶をあげますってのは、嫌味な金持ちや関係を作れない卑屈な奴の言うことだろう。この立て札を先に見て、青おにには、腹の底から赤おにに対する怒りと恥ずかしさが湧《わ》いてきた。ここまで人間に媚《こ》びる仲間に対して、激しい憎しみを感じた。

だから、人間の本質を教えてやろうと思った。人間は飽きっぽい。お茶にもおかしにも飽きて、やがて、鬼という種族と自分たちの違いばかりを見つめるようになる。そして、結局の所、人間は異物を受け入れない。人間は人間同士でも、違う民族を受け入れない。他民族、他国籍、他者、自分と違うものを結局は受け入れない。やがて間違いなく、人間は赤おにの家に行かなくなる。そこで、赤おには初めて、人間に媚びた自分の愚かさに気づく。気づいた時には、淋しさは数層倍になっている。

青おには、それをどこかでじっと見つめている。しめしめと、薄ら笑いを浮かべながら。

どうして、青おにはそんなことをしたか？　一度、青おにも、人間に媚びて、そして、飽きられたからだ。自分を憎むように、青おには赤おにを憎んだ。それが、青おにの動機なんだ。

別の登場人物が言います。

青おには、昔、まったく同じことを、例えば、緑おにさんからされたんじゃないだろうか。同じように一芝居、緑おにに打ってもらい、そして、人間の友だちができたんじゃないだろうか。

すごく嬉しくて、それで生きていく希望をもらったんじゃないだろうか。

だから、いつか、自分も他の鬼に同じことをしなければいけないと思っていたのじゃないだろうか。

そして、赤おにが立て札を壊している風景を見た時に、「その時が来た」と思ったんじゃないだろうか。

それは、まるで、感謝のドミノ倒しと呼べるものだ。

本当に絶望を救ってもらい、深く感謝した経験があれば、そして、それをじっと心に秘める強さがあれば、「自分が経験した喜びを次に渡したい」と思う鬼はきっといるはずなのだ。

つまりは、善意を信じようという強い決意です。無償の決意でも美しい決意でもなく、「されて嬉しかったことを、次へとつなぐ」という強い決意です。人も鬼も、時間に負けて、だんだんと決意が鈍ってしまうのに、自分だけは忘れまいと思い続ける〝持続する意志〟の強さが問われるのです。

それは日常のささいなことで、いつも問われます。道に迷い、人に尋ねた時に優しくされた記憶は、道を問われた時に鮮やかに蘇《よみがえ》ります。その時、急いでいるからと、邪険《じゃけん》に振り払ってしまえば、優しくされた記憶がちくりと自分を刺すのです。誰かにあわててお金を借りた時、嫌な顔ひとつせず、それなりの金額を貸してくれた記憶は、自分が逆に金を貸して欲しいと言われた時に自分を揺さぶるのです。

絶望している時、誰かから優しい一言をもらった記憶は、誰かの絶望の瞬間に顔を出します。自分が、優しい声をかける余裕もない時に、その記憶は顔を出すのです。

青おには、ただ、自分で自分のことを嫌いになりたくないから、赤おにを助けたのではないか。ここで、助けられなかったら、緑おにからされたことを赤おににできなければ、ただ、単純に自分を嫌いになってしまう。生きていく以上、自分は自分を尊敬でき、満足できる存在でありたい……。

さらに別の登場人物が言います。

もっとシンプルなことよ。青おにも赤おにも、男性でしょ。青おには赤おにを愛していたのよ。でも、赤おにには、そんな気持ちがなかったから、青おには自分で身を引いたのよ。それだけのことよ。

この発言は、他の登場人物によって、あっさりと否定されます。けれど、愛が絶望的だからこそ、身を引くという考えには、あるリアリティーがあると思うのです。

あなたはどんな理由を思いつきますか？「愛していた」なんて設定まで考えることは、作品を台無しにする無粋なことだと思いますか？

けれど、僕は、「無償の友情」という一言で片づけるより、はるかに、『泣いた赤おに』という物語を味わっていることになると思っているのです。

結局の所、僕は「無償の友情」という動機に納得していません。そして、自分で考えた動機にも、納得していません。なのに（驚くことに）納得していないのに、感動するのです。そして、泣くのです。事情が分かってないのに、動機が分からないのに、納得してないのに、感動し、泣くのです。

そして、泣きながら、感動しながら、それは何か？　と大人になればなるほど突きつめようとするのです。

たぶん、それは、人生のひとつの真実のような気がします。僕たちは、分からないのに感動することができるのです。それが何かと論理的にうまく説明できなくても、感動できるのです。

それは、人生の意味が分からないのに、生きていくエネルギーが生まれるという〝不思議〟と対応します。分からないのに感動できるからこそ、僕たちは、先の見えない人生を生きていくエネルギーを持つことができるのです。

けれど、たぶん、そのままにしておけば、僕たちはやがて年を重ね、その〝不思議〟を追求することをやめるような気がします。追求し続ける体力と気力が、ゆっくりと体から去っていくからです。

それは、人生の意味が分からないのにエネルギーがわき出る時期が終わりかけた頃なのでしょう。

だからこそ、エネルギーが涸《か》れかけたと感じた時に、感動の意味を問い詰めることが、もう一度、人生の不思議に向き合うことになるのだと思います。

感動しながら、どうして？　と突きつめれば、あなたは、人生の意味が分からないのに、生きていくエネルギーが生まれるという不思議と何度でも出会うのです。

それが、年を重ねても生きていくエネルギーを回復する、人生の智恵のような気がするのです。

Chapter 4

安部公房
『友達』

（1967年）

今回の作品は、戯曲《ぎきょく》、つまり演劇の台本です。

一人暮らしの男のマンションに、〝家族〟が現われます。父、母、祖父、兄弟三人、姉妹三人、計九人の大家族です。

彼ら・彼女らは、いきなり、「一人ぼっちは、いけないわ。人間にとって、いちばん不幸なことよ」と言いながら、ずかずかと、男のマンションに上がり込みます。

男は、興奮して、出て行け！ と叫びますが、九人は動じません。男は警察に電話して、警官とマンションの管理人を呼びます。けれど、九人は、にこにこと警官と対応します。警官には、家族のもめごとにしか見えないのです。

「完全に赤の他人です！」と叫ぶ男に対して、警官は「ちょっと、考えられんことだからなあ。（見まわし、あらためて）なにか、はっきりした証拠でもあるの、赤の他人だという？」と質問します。

男は、「連中に聞いてみたらいいでしょう！」と叫ぶしかありません。が、（家族たちは、いぜんとして笑顔をくずさない。あたかも、警官に同情しているような、身内という状態なのです。

警官は、「結論としては、べつにこれと言った被害はないということですね」と男の言い分を認めません。

マンションの管理人も、お金さえきちんとおさめてもらっていれば、誰が住んでいるのか、あまり関心がないようで、男の味方になってくれません。

そうして、男はいきなり、夜、突然おしかけた〝家族〟と、強制的に暮らし始めることになるのです。

これが物語の発端です。1967年に書かれた作品ですが、今でもまったく古びてないことに驚かされます。作者、安部公房《あべこうぼう》氏が、前衛作家と呼ばれた所以《ゆえん》でしょうか。

夜、一人暮らしの男性の部屋がノックされ、〝次女〟の若々しい声で「ごめんなさい、すっかり遅くなってしまって」と言われれば、健康な若い男性なら好奇心に負けてドアは開けるでしょう。

開けてしまえば、そこから、家族が雪崩《なだれ》のように入ってくるのを止めることはできません。そして、都会に一人暮らしする男性が、警官に対して、彼ら・彼女らが家族ではないと証明することは不可能に近いのです。

家族の会話は、なかなかすっとぼけています。ここは他人の家なんだよ、君たちは他人じゃないか！　と抗議する男に対して、父は、なだめながら「君、そんな小さなことを、いちいち気にすることはないんだよ。兄弟は他人の始まりっていうじゃないか。つまり、他人をさかのぼって行けば兄弟になるということでもある。他人でいいんだよ、君。そんなこと、これっぽっちも、気にかけることなんかありはしないんだ」と言うのです。

さらにストーリーを説明する前に――。

今回の原稿には、テーマが二つあります。ひとつは、「戯曲と小説はどう違うのか？」ということです。戯曲を初めて取り上げますから、このさい、確認しておきましょう。

そして、もうひとつは、「物語と現実はどう違うのか？」ということです。

ではまず、最初のテーマの方から行きましょう。戯曲と小説の一番の違いは、何か？

もちろん、賢明な読者はすぐに、「そりゃあ、戯曲は、『会話』によって成立し、小説は『描写』だろう」と答えるでしょう。

あっけないぐらい正解です。

もうちょっと詳しく言えば、戯曲は「対話」がその本質であり、小説は、「独話」が本質なのです。

もちろん、戯曲には、長い独り言が続くものもありますし、小説にも、会話がえんえんと続くものがあります。

けれど、戯曲は相手がいなければ進みませんし、戯曲が一番戯曲らしく輝くのはト書き（分かりますね。「見まわし、あらためて」というような俳優の動きなんかを書いている部分のことです）でも独り言でもなく、対話なのです。そして、小説が一番小説らしく輝く瞬間は、世界の描写であり、独話としての〝個人の内面〟の描写なのです。

で、この違いが何に現われるかというと、小説と戯曲の〝売り上げの違い〟なのです。

なんだこの結論は!?　と、読者は意外に思うかもしれませんが、事実なんだからしょうがない。小説は売れるけど、戯曲は売れない。わははははは。この事実の前に、劇作家のおいらなんかは、とりあえず大笑いするしかありません。

もちろん、もっと下を見れば、詩人の集団が、詩集を抱《かか》えたまま涙目で微笑《ほほえ》んでいたりするので、戯曲はまだましだと、僕は自分をなぐさめます。

以前、井上ひさしさんが、「いい戯曲を書いても、出版社は出版に乗り気じゃない。でも、できの悪い小説を書いたら、それが小説だということだけで出版社はすぐに飛んでくる」とエッセーで書かれていました。

んでまあ、劇作家の立場からすると、「戯曲はそんなに読みにくいの？」という素朴《ぼく》で本質的な疑問が浮かぶわけです。

だって、読みにくいから売れないんだろうと考えられるでしょう。井上ひさしさんが創り出す〝物語〟が、小説で売れて、戯曲で売れないのなら、これはもう、「読みにくいから」という理由しかないだろうと思うのです。

読みやすければ、同じ作家が書いた〝物語〟ですから、小説と戯曲の売り上げが、こんなに違うわけがない。出版社の態度があんなに違うわけがない。まったく違う。

ほんとに違うっ！

……というわけで、戯曲の読みにくさの話に進みましょう。あ、先に言っときますが、シェイクスピアは、読みにくいです。なにせ、卜書きがほとんどありません。みんな、タイトルに惹《ひ》かれて『ロミオとジュリエット』を手に取り、あまりの読みにくさにサジと本を同時に投げます。もっとも、最低限度の卜書きも、後世の人間が書き足したものですけど。

　で、部数の売り上げを気にする現代作家が書いた現代の戯曲なら、たいてい、ある程度のト書きはあります。それを頭に入れて読んでいけば、かなり読みやすくなるはずです。

　そんな、いちいち名前と職業・設定を確認しないといけないようなめんどくさい本は読みたくない、なんて言う人がいるかもしれませんが、外国モノのミステリーとか冒険モノを読んだことのある人なら、「こいつは誰だったたっけ？」と、何度も本の表紙の折り返しに書いてある登場人物一覧表を確認したはずです。それとほとんど同じ手間なのです。

　なのに、戯曲はなかなか売れない。いえ、もちろん、僕の戯曲もそれなりに売れている。文句を言っては、買ってくれている読者に申し訳ない。けれど、やはり、一般的には売れない。

「戯曲を読むことに慣れてないからじゃないの？」とある人は、言いました。でも、慣れだけではない何かがそこにはあるのです。

「だって戯曲って難しいでしょう。会話しかないって、読んでて難しいもの」と、誰かが言いました。

けれど、私たちは、会話で他人と交流しているのです。テレパシーや狼煙《のろし》でコミュニケイトしている人はそんなにいないと思います。

私たちの生活は、「会話・対話」で成立しているのです。それを集めた戯曲が、どうしてそんなに読むことが難しいのか。そこには、何か特別な理由があるのです。そのことを考えながら、とりあえず先に進みます。


戯曲と小説の売り上げ部数以外のもうひとつの違いは、自分の作品の受取り手（小説なら読者、戯曲なら観客）を目撃するかどうか？　ということです。

小説家が、自分の小説を読んでいる受取り手（読者）を目撃することはまれでしょう。偶然、乗り合わせた電車の目の前の席に自分の作品を読んでいる人がいたとか、図書館の中で自分の作品に目を落としている人に出会うとか、そんなものだと思います。どちらの場合も、ドキドキはするでしょうが、読了まで立ち会うことはないと思います。そんな時間も義務もないですからね。

でも、戯曲は違います。戯曲を書いた作家は、間違いなく、最初から最後まで、つまりは、幕が上がって下りるまで自分の作品に対する受取り手（観客）の反応を突きつけられるのです。まばらな拍手なのか、熱烈な拍手なのか、無視なのか、とにかく何らかの分かりやすい反応を経験するのです。

結果的に、このことはどんな信念の作家でも、作品に影響を与えるだろうと僕は思っています。

アクビをしたり、居眠りをしたり、腰をモゾモゾ動かしたり、トイレに立ったり（伏線を説明する重要なセリフでトイレに立つ客を銃で撃ち殺したくなる、とエッセーに書いたのはニール・サイモンでした。トイレに立つということは、その列の観客すべてが、腰を少し浮かして、トイレに行く客を通してあげるということを意味します。その時、一瞬ですが、間違いなくその列の観客の集中力は途切れます。一番、聞いて欲しいセリフの時に、その列の観客は、トイレに向かう客に足を踏まれないように、その人物の足の動きに集中するのです）、そんなさまざまな受取り手と出会うのです。

このことは、作品を作ることに間違いなく影響するだろう。特に、安部氏のように小説と戯曲の両方を書いている作家ほど、その影響を意識するだろう。まして、安部氏は戯曲だけでなく、自分で『安部公房スタジオ』という劇団も主宰《しゅさい》されて演出も担当しました。さらに観客の反応に敏感になったはずだと思うのです。

さて、その影響を考えながら、『友達』のストーリーに戻りましょう。

混乱する男に、母は言います。

「たしかに、孤独は毒ね。第一、気持に張りがなくなっちまうんじゃない」

男は反論します。「……だとしても、それがあんたたちに、なんの関係があるんだ」

父が言います。「友達として、見捨てておかれるわけがないじゃないですか」

男は「友達？」と驚きます。父が続けます。

「そうですとも。都会には、何百万、何千万もの人間がいる。しかし、その誰もが、それこそ赤の他人……どこを見ても、他人だらけ……恐ろしいことじゃありませんか……どうしたって、友達がいる。助け合え、はげまし合える、友達がいる……」

男はもちろん納得しません。しかし、警官は帰ってしまう。気落ちする男に、末娘が「分んないな。仲間外れが、どんなに悲しいことか、子供だって知っているよ」と言います。次女は、「早く分ってほしいな。孤独が、どんなに嫌なものか……私たちと一緒にいることがどんなに倖せなことか……」けれど、男は、

「おせっかいは、もう沢山だ！」と叫ぶのです。

父は、「病人には気長な介抱《かいほう》以外にないんだからな」と自分に言い聞かすように言います。

やがて、家族は、男のいろんなことを知っていることがだんだんと分かってきます。勤めている会社だの給料日だの男の婚約者の電話番号（！）まで、です。次の日、男は婚約者に会いますが、婚約者も家族がニセ者だということを信じてくれません。それどころか、家族の罠《わな》で、男は婚約者にも見捨てられます。

二幕、展開は急変します。長女が男をそそのかして、逃げる相談をしていたと次女が深夜、騒ぐのです。

父は、男を檻《おり》に入れることを決めます。男は、檻の生活を続けながら、「新聞、見出しだけでもいいから、ちょっと見せてくれないかな」と頼みます。が、次女は「駄目。治療中は、安静にしてなけりゃ」と答えます。まだ、男は病気だと思われているのです。

次女は、男に牛乳を勧めます。男が牛乳を飲み干した時、次女は言います。

「さからいさえしなければ、私たちなんか、ただの世間にしかすぎなかったのに……」

そして、すすり泣く次女の前で、男は動かなくなるのです。そこに次男がやってきてはっとした表情で「なんだ、おまえ、またやってしまったのか！」と叫びます。すぐに旅姿の全員が集まります。彼らはハンカチを出して目をおさえています。父が言います。

「故人は常に、われらが良き友でありました。しかし友よ。君がなぜこのような運命にみまわれなければならなかったか、おそらく、君には分らないでしょう。むろん、私たちにも、分らない。（新聞をひろげ）では、君が待っていた新聞ですよ。どうぞ、心おきなく、お聞き下さい。（上演当日の朝刊の主だった記事を、ひろい読みする。国際政治から広告まで）そう、世界は広い。広くて、複雑だ。さあ、元気を出して。（次女をかかえ起してやり）みんなが、われわれを待っているのです。さようなら……」

そして、最後のセリフ、「みんな、忘れ物はないね？」。幕が降りる。

さて、二番目のテーマを覚えているでしょうか？「物語と現実はどう違うのか？」ということでした。

この父の最後の長セリフの部分は、物語でしょうか、現実でしょうか？　父のスピーチという意味では、物語です。でも、その日の新聞を読むという意味では、現実でしょう。ひろい読みすればするほど、観客は、現実をまるごと感じるでしょう。

安部氏は、こんな大胆な手法で物語の中に、いきなり現実をぶち込んでいるのです。

では、根本的な質問です。現実とはなんでしょう？

僕はこの本の第二章で、『百年の孤独』を解説しながら、「物語」とは現実の解釈であると書きました。訳の分からない現実を理解しやすいものに解釈したのが物語であると。

つまり逆に言えば、現実とは、訳の分からないものなのです。理解不可能なものが、現実なのです。このことは、読者にも納得してもらえると思います。現実は、それ自体ではどう解釈していいか分からないものです。

現実は、ただ起こるだけです。それに、どんな理由があって、どんな意味があるのかを決めるのは、物語です。

現実は、ただ、起こるのです。現実を私たちは、理解しやすい物語として受け入れるのです。

どんな物語が好きかは、もちろん人それぞれですが、現実はそんなことを言ってる場合ではありません。それはただ、起こるだけなのです。それが現実なのです。

そして、この作品は、そんな現実の理解しがたさを、見事にエンタテインメント作品として成立させた奇跡の一作なのです。

父の言葉「おそらく、君には分らないでしょう。むろん、私たちにも、分らない」

も「そう、世界は広い。広くて、複雑だ」も、まさに、物語の中で、現実に対して語っている言葉です。その時に読み上げる国際政治から広告までの朝刊の記事は、まさに現実そのものです。そして、父はこう続けるのです。

「さあ、元気を出して」

この言葉のなんと感動的なことか。素敵な物語の最後にこの言葉を言うのではなく、現実が理解不可能だということを語った後に、「さあ、元気を出して」と言うのです。これほど、大胆で直接的なメッセージはないでしょう。

この奇跡が起こったのは、それは、戯曲だったからじゃないかと僕は思ってます。戯曲は、前衛文学のように、初めから解釈を拒否した現実のような〝難解〟なものでは、多くの読者はついて来れません。読者を少数に限定した難解さは、もちろん前衛作家の安部氏の小説にも、見られます（言わずもがなですが、難解さと文学的価値は別に議論されることです）。

けれど、戯曲は、そんな少数の、または独りよがりの〝難解〟は許されません。まず、観客がそっぽを向く前に、俳優が拒否します。俳優が理解できること。俳優が理解できる物語がそこにあること。それが、大切な戯曲の条件なのです。

それは、稽古場や劇場で、俳優や観客の激しい「物語を求める欲求」に立ち会った人だけが理解できる感覚です。

この作品は、その「物語への欲求」にちゃんと応えながら、最後の最後に、物語が、現実とぶつかる瞬間を観客の前に開示するのです。

新聞をひろい読む瞬間のなんとスリリングなことか。それは、物語の手法で現実の理解不可能性を描写した奇跡の瞬間なのです（ですから、新聞記事を、二、三個ではダメだと思います。最低でも五個以上読むことで、観客は、理解できない時間を経験するのです）。


ここまで来れば、戯曲が読みにくくて売れない理由は、じつは、ト書きのない会話は、現実そのものだからということに、あなたは気付くでしょう。そこには、物語としての解釈がありません。

「どうしてよ！」「大好きだよ！」という対話だけでは、どう解釈していいのか、明解ではないのです。小説なら、地の文で、「娘は絶対に許せないと思いながら」と物語としての解釈を教えてくれます。

けれど、戯曲は、会話だけですから、読者は明確な物語を見つけられず、不安になるのです。セリフのひとつひとつに（怒って）とか（内心は嫌いだと思いながら）と書いていけば、それは、理解可能な物語になります。けれど、そんな戯曲を、今度は俳優が拒否するでしょう。俳優は、自分の力で戯曲を解釈し、それを物語にしたいのです。それが俳優の仕事ですから。

シェイクスピアが世界中で上演される理由のひとつは、じつは、ト書きが極端に少ないからです。戯曲は、現実として俳優の前にあります。そして、それを物語として解釈する仕事がやりがいがあるからこそ、俳優は熱中するのです。

『百年の孤独』は、過剰な意味を与えることで物語を炙《あぶ》り出したと書きました。『友達』は、物語の中に、突然、現実を挿入《そうにゅう》することで、物語とは解釈でしかないという、物語の本質を炙り出したのです。それも、エンタテインメントの軽やかな手法で。

そして、現実の前で、物語を見つけられず、与えられることもなく途方に暮れる私達に、こう言うのです。

「さあ、元気を出して」

Chapter 5

太宰治
『人間失格』

（1948年）

およそ、三十年ぶりに読み返しました。この企画がなければ、二度と読み返すことはなかったと思います。

この連載は、読者に、「こんな本を読んだらどうでしょう?」という提案であり、同時に、「こんな本を読んで、今の僕があるんですよ」という確認でもあるわけです。で、確認ならば、太宰治《だざいおさむ》氏の作品を外すわけにはいかないのです。

高校時代、間違いなく僕は太宰(以下、敬称略)にはまり、一時期、ほんとうに読みふけりました。

そして、今、読まなくなったからと言って、無視していいわけがないのです。間違いなく、僕は、太宰から、小説の「反社会性」を教わりました。決して声高《こわだか》には言えない、「ずるさ」とか「弱さ」とか「情けなさ」が小説の大切な核心になりうること、それどころか、自分の「ダメさ」を認め、告白することそのものが小説においては、最も大切かもしれないこと。

主人公が成長し苦境に打ち勝つことで読者がカタルシスを得るという〝常識的な物

語〟とは正反対のものが存在し、それがなぜか感動的だということ。

それは、青春のある時期――社会的規範《きはん》を叩《たた》き込まれ、「社会的であること」「ルールに従うこと」「成長すること」「学習すること」が当然と思われ、無言で要求されている時期には、救いであり、甘美な誘惑《ゆうわく》でした。再読して、さまざまな思いが湧《わ》き上がってきました。三十年前と変わらず感動した部分、青春の時期には、考えもしなかった部分。作品に対するポジティブな評価とネガティブな部分。

それらを書く前に、まずは、作品の周辺をスケッチしましょう。


『人間失格』は、太宰が山崎富栄《やまざきとみえ》と心中した年、1948年に書かれた作品です。連載の二回目以降は、作者の死後、発表されました。

『人間失格』のストーリーは、ある男の手記を別な男が発表するという形です。

その内容は、幼い頃から人間に対して違和を感じ、人間とうまくつきあえないと悩んでいた男が、自ら、「道化《どうけ》」となって生きていくことになった内面を赤裸々《せきらら》に告白するというものです。

男は、道化を続けながら、そして、それを見抜かれることもありながら、故郷の東北から東京の大学に進みます。本当は画家になりたかったのですが、父親の反対でそれもかなわず、やがて、大学もさぼりがちになります。

政治的信念もないのに非合法の共産党活動の手助けをしたり、女性と心中しようとして、女性だけが死んで自分は助かったり、別の女性と同棲《どうせい》したりします。やがて、十七〜十八歳の女性と結婚し、自殺未遂を起こし、薬局の奥さんと深い仲になり、モルヒネ中毒になります。

そして、強制的に入院させられ、さらに故郷に引き取られ、体を壊したままで、手記は終わります。

最後の文章は、「自分はことし、二十七になります。白髪《しらが》がめっきりふえたので、たいていの人から、四十以上に見られます」です。

そして、その手記を受け取った人の文章が「あとがき」としてつきます。

「この手記を書き綴《つづ》った狂人」は、生きているのか死んでいるのか分からないと書くのです。

物語としては、これだけのことです。

なにか特別に物語らしい物語が（もちろん、人が死んだりはしますが）展開されるわけではありません。

終始、主人公（手記を書いた人物）が、どんなに現実に対して生きにくいと感じているか、そしてそれをごまかすために何をしたかが中心なのです。

　では、１９４８年に書かれた作品なのに、現代に通じる「普遍性《ふへんせい》」の部分からです。

「恥《はじ》の多い生涯を送って来ました」

　手記の最初の部分、「第一の手記」の1行目に書かれたこの文章は、今となっては、感情移入する若者は少ないかもしれません。「恥」の概念で、自分の人生を後悔《こうかい》することは、あまりなくなってきたように思います。

　けれど、幼い頃から、人間や人間の営みがまったく理解できないと主人公は書いて、

「自分は隣人と、ほとんど会話が出来ません。何を、どう言ったらいいのか、わからないのです。

　そこで考え出したのは、道化でした。

　それは、自分の、人間に対する最後の求愛でした。自分は、人間を極度に恐《おそ》れていながら、それでいて、人間を、どうしても思い切れなかったらしいのです。（中略）おもてでは、絶えず笑顔をつくりながらも、内心は必死の、それこそ千番に一番の兼ね合いとでもいうべき危機一髪の、油汗流してのサーヴィスでした」

　という表現には、ハッとして胸を突《つ》かれる現代の若者も多いのではないでしょうか。

主人公は、子供の頃から、家族さえ何を考えているかが分からず、気まずさにも堪《た》えられず、すでに道化の上手になっていたと書きます。

「つまり、自分は、いつのまにやら、一言も本当の事を言わない子になっていたのです」

主人公、葉蔵《ようぞう》は、作家太宰と同じ、田舎《いなか》の大地主の家に生まれた設定になっています。そして、父が政治家という設定も同じです。ただし、子供を激しく抑圧する強権的な父親ではなかったようです。それは、葉蔵も同じです。あの当時の常識的な家父《かふ》長制《ちょうせい》だと思った方がいいでしょう。もちろん、父親は絶対的な権力ですが、それが、激しく抵抗する葉蔵や太宰を押し殺した、ということではなさそうです。

葉蔵は言います。

「何が欲しいと聞かれると、とたんに、何も欲しくなくなるのでした。どうでもいい、どうせ自分を楽しくさせてくれるものなんか無いんだという思いが、ちらと動くのです。と、同時に、人から与えられるものを、どんなに自分の好みに合わなくても、それを拒《こば》む事も出来ませんでした」

ここにあるのは、抵抗する意志ではなく、諦《あきら》める意志、そして諦める自分に絶望する意志です。

自分に絶望するということは、つまりは、人間に絶望するということです。

もちろん、人間に絶望するには、理由があります。

葉蔵は、人間はお互いの不信の中で、平気で生きていると言います。

父親の属していた政党の有名人が故郷に来て、葉蔵は下男たちと演説会に参加します。帰りの道々、下男たちや父の「同志たち」は、クソミソに演説会の悪口を言います。父の開会の辞も下手、有名人の演説もダメ。けれど、葉蔵の家に立ち寄り、感想を聞かれると、大成功だったと、「しんから嬉しそうな顔をして」父に言うのです。

葉蔵は、こんなことはほんのささやかな一例に過ぎないと言って、

「互いにあざむき合って、しかもいずれも不思議に何の傷もつかず、あざむき合っている事にさえ気がついていないみたいな、実にあざやかな、それこそ清く明るくほがらかな不信の例が、人間の生活に充満しているように思われます」

と書きます。

と言って、あざむいている人間が汚いとか醜《みにく》いとか言っているのではないのです。

それなら、ただの純真な子供の嘆《なげ》きです。

葉蔵は、自分だって道化となって、人間たちをあざむいていると言います。

では、「清く明るくほがらかな不信」は、何が問題なのかと言えば——。

「自分には、あざむき合っていながら、清く明るく朗らかに生きている、或《ある》いは生き得る自信を持っているみたいな人間が難解なのです。人間は、ついに自分にその妙諦《みょうてい》を教えてはくれませんでした。それさえわかったら、自分は、人間をこんなに恐怖し、また、必死のサーヴィスなどしなくて、すんだのでしょう」

　このつぶやきは、ほとんど、現代に通じる、いえ普遍的な言葉だと思います。

　葉蔵にとって、人間は「難解」だったのです。それは、つまり、自分自身が自分にとって「難解」だという意味でもあるのでしょう。だって、葉蔵もまた、人間なのですから。自分のやることが、自分にとって難解で理解できないと、この文章は告白しているのだと思うのです。

　これはつまり、単純に〝自意識に苦しむ男〟の話ではなく、〝「自意識に苦しむ自分」という自意識に苦しむ男〟の話なのだと思います。

　人に見られて思わず意識して苦しむのではなく、そうやって人に見られて意識して苦しむ自分をさらに意識して、嫌だなあと苦しむのです。もうひとつ屈折した、現代的な自意識の病なのです。

　ただの自意識に苦しむだけなら、どんなに簡単なことか。

そして、このあとに、こんな文章が続きます。

「そうして、その、誰にも訴えない、自分の孤独の匂《にお》いが、多くの女性に、本能に依って嗅《か》ぎ当てられ、後年さまざま、自分がつけ込まれる誘因の一つになったような気もするのです」

今回、三十年ぶりに読み返して、一番、驚いたのはこの部分でした。

この主人公、葉蔵は、つねにモテているのです。こんなにモテていたら、道化のしがいもあるだろうと思うくらいモテているのです。まるで、『課長　島耕作』です。

葉蔵は、女心のエキスパートと言ってもいいのです。

中学時代、下宿の娘が自分の部屋に来て、「助けて」と泣いた時、葉蔵は、柿をむいて渡します。娘はしゃくり上げながら食べ、本を一冊借りて、出て行きます。

葉蔵は言います。

「このアネサに限らず、いったい女は、どんな気持で生きているのかを考える事は、自分にとって、蚯蚓《みみず》の思いをさぐるよりも、ややこしく、わずらわしく、薄気味の悪いものに感ぜられていました。ただ、自分は、女があんなに急に泣き出したりした場合、何か甘いものを手渡してやると、それを食べて機嫌を直すという事だけは、幼い時から、自分の経験に依って知っていました」

この部分を読んだ時は、おもわず吹き出しました。今度やってみよう。

葉蔵の周りには、常に女性がいます。

それも、電光石火の早業《はやわざ》で関係が出来ます。葉蔵は、それは、「惚《ほ》れられる」とか「好かれる」ではなくて、「かまわれる」と言った方がいいと書いていますが、考えてみれば、その方が楽だと言えます。だって、責任が減るような語感でしょう。惚れられると、人間関係の深みにはまりますが、かまわれると、それは、まるで愛玩《あいがん》動物にも通じる受け身の感覚が漂うのです。

しかし、モテる。んで、早い。もちろん、葉蔵から惚れているとは思えません。葉蔵にとって、人間は「難解」だし、まして女は不可解で油断のならない存在なのです。ただ、次から次へとかまわれるだけなのです。

下宿の娘も非合法活動の同志も、女給も、一度しか会ってない女性編集者も、タバコ屋の娘も、そして、たまたま入った薬局の女性も、あっと言う間に、葉蔵をかまいたくなります。

話の後半、妻との約束を裏切り、酒に溺《おぼ》れ、喀血《かっけつ》し、薬を求めて入った薬局では、そこの奥さんと顔を合わせた瞬間、彼女は、「フラッシュを浴びたみたいに首をあげ眼を見はり、棒立ちになりました。しかし、その見はった眼には、驚愕《きょうがく》の色も嫌悪《けんお》の色も無く、ほとんど救いを求めるような、慕うような色があらわれているのでした。ああ、このひとも、きっと不幸な人なのだ、不幸な人は、ひとの不幸にも敏感《びんかん》なものなのだから」

で、葉蔵はこの奥さんの顔を見ていると、涙が出てきて、で、奥さんも涙をぽろぽろと溢《あふ》れ出すのです。そして、この人も、必死で葉蔵をかまうようになるのです。

もう、この部分を読んだ時は、呆《あき》れました。いくらなんでも、簡単すぎるだろうと思ったのです。

人間の「難解さ」や、人間関係の複雑さなどを、冷徹なまでにリアルに描写している太宰が、こと、主人公の女性関係に対して、なぜこんなに「ご都合主義的に」「甘く」「予定調和的に」描写するのか。

この主人公は、超イケメンなのです。

心中事件の後、取り調べ室のドアを開けた途端、署長は言います。

「おう、いい男だ。これあ、お前が悪いんじゃない。こんな、いい男に産んだお前のおふくろが悪いんだ」

……いやもう、なんとコメントしていいのか。これはもう、イケメン村出身の「私はこんなにモテています」の記録なのです。

主人公、葉蔵と作家太宰を同一視してはいけないと思いながら、書かれているエピソードは、基本的には太宰の人生と重なります。ぶさいく村出身の私としては、おもわず、「太宰ってそんなにイケメンだったっけ?」と、グーグルで太宰の画像をサーチしてしまいました。だって、ここまで「無自覚」に、モテることを書き続けるのは、理由としては、超イケメンに生まれて、女性に本当に苦労していないから、なのかと思ったのです。

たしかに、若い頃はハンサムですが、スーパーハンサムという訳ではありません。太宰は、こんなにモテ続ける主人公を書いて、(主に男性)読者の反感を予想しなかったのか?

と、いろんなことを思いながら、はっとしたのは、「どうして、高校時代、このことが気にならなかったのだろう?」ということでした。

『人間失格』の主人公が弱くて繊細《せんさい》なことはずっと記憶にありました。けれど、こんなに女性にかまわれる存在だったことはすっかり忘れていました。そして、どの女性も、どうも幸せにはなってないこと。けれど、(葉蔵には都合よく)誰も積極的には彼を責めてないこと。これらのことがすっぽりと記憶から抜けているのです。つまり、まったく、気にならなかったのです。どうしてか? あえて今、その理由を考えると

――。

青春時代は、みんな自分が好きです。熱烈に誰かを愛しますが、それは、誰かを熱烈に愛している自分を好きなのかもしれません。自分を真剣に愛するからこそ、「愛について」悩みます。他人を愛するという確信を持てず、悩むのです。

自分さえも愛せない場合は、まして、愛に悩みます。万能になりたい理想の自分は、限界を持つ現実の自分を愛せないのです。

同時に、若い時は、保守的なものです。なぜなら、守るべきモノが何もないからこそ、自分には守るべきモノがたくさんあると思い込んでしまうのです。僕は、二十二歳で劇団を旗揚げして、このことに気づきました。

自分の殻《から》を破ろうとして、怯《おび》え、逃げ出す若者はみんな、守るべきモノなんか何もない人達でした。

けれど、大人は、自分の守るべきモノがはっきりと見えているのです。それは、妻と子供の生活だったり、自分のキャリアだったりします。月、何十万の給料が、守るべきモノで、そのために何をしないといけないか、そして、それ以外はどんな妥協《だきょう》をしていいのか、それ以外は何を守らなくていいのかを、大人ははっきりと自覚できるのです。けれど、親から生活費を貰《もら》っている演劇サークル所属の大学生は、なにも守るべきモノがないからこそ、うんと保守的になり、すべてを守ろうとしました。それはつまり、観念的ということです。大人は具体的なことを悩む。けれど、若者は若者であるからこそ、観念的なことを悩む。目の前の女性の苦しみではなく、「愛」そのものを悩む。だからこそ、目の前の女性のことは問題にならない。目の前の具体的な女性ではなく、愛そのものを考え続ける。それを、愛を求める真摯《しんし》な放浪と呼ぶ。

青春時代の特質を考えれば、こういうことでしょうか――。

と、分析して気づくのは、僕はすっかり「社会的」になり、太宰の「反社会性」を受け入れ、楽しむ立場ではなくなっているということです。それは、自分自身、現実を生き延びるために、なんとか自分を「社会化」しようと努力した結果だと思います。多くの読者は、太宰の「反社会性」に強引にまたは自主的に別れを告げて、自分自身を「社会化」したと思います。

太宰が三十八歳で心中した時、妻と三人の子供がいました。子供は、七歳、三歳、一歳でした。これだけでも、僕は社会化されているので言葉を失います。太宰は、この時、決して、ベストセラー作家ではありませんでした。死後、結果的に作品は売れましたが、遺産で子供が暮らせる保証はありませんでした。それでも、心中を選ぶ行為は、まさに「反社会性」そのものです。

今回、ずっと買ったままで本棚においてあった『ピカレスク　太宰治伝』（猪瀬直《いのせなお》樹《き》　小学館）を読みました。気になって買ってはいたけれど、その本の分厚さにずっとためらっていたのです。

太宰は死ぬまでに、四回の心中ないしは自殺未遂事件を起こしているのですが、猪瀬氏は、この本で、遠回しに、そのすべてが「狂言」であったと書いています。

太宰の不幸は、狂言だったのに、最初の心中未遂で田部《たなべ》あつみを死なせてしまったことだとするのです。

それが事実だとすれば、死を演じた「反社会性」も、「ただのわがまま」から人生の絶望へと、もうひとつ複雑で深くなります。

今もまだ、太宰は、現実に傷つき、現実から逃げ、現実に負けた自分を受け入れようとする若者たちの〝バイブル〟であり続けているのでしょうか。若者たちに、どれほど届いているか、正確には分かりませんが、依然として根強い人気があることは間違いないようです。書店に行っても、ネットを検索しても、「太宰治」という名前は、たくさん見つけられます。

もうすでに、自分自身とは関係なくなったかのような書き方をしていますが、じつは、僕は自分が、もう一度、「反社会性」の立場に近くなる時が来ることを知っています。それは、年を重ねた時です。七十歳を超し、「社会性」に疲れ、傷つき、飽《あ》いた時、太宰はすぐそばにいるのではないかと思っているのです。

七十歳を超した時、もう一度、読んでみようと僕は密《ひそ》かに思っています。

Chapter 6

柴田翔
『贈る言葉』

（1966年）

ロンドンで、自分の書いた作品『トランス』を、イギリス人俳優相手に演出している時、借りていたアパートのテレビで、偶然、アメリカの番組を見ました。それは、「あなたの変身願望を満足させてあげます」というコンセプトの番組でした。アメリカのテレビをイギリスで見ながら、こういう番組は世界共通なんだなと、あらためて納得しました。

今の自分を捨てて、変身したいという欲望は万国共通で、視聴者の欲望に敏感なテレビは国境を越えて同じ番組を作るんだなと思ったのです。

番組では、二十歳前後のさえないアメリカ人女性にフォーカスが当たっていました。彼女は、髪形もファッションも野暮《やぼ》ったく、田舎臭《いなかくさ》い印象でした。

一番、〝痛い〟と感じられたのは、スタジオに登場した瞬間から妙なハイテンションでしゃべり続け、受けないジョークを連発してることでした。

それは、「嫌われたくない」「認めてほしい」という意識の見事な空回りで、受けないジョークを止《や》めない彼女は、無残にさえ見えました。

話はちょっと横道にそれますが、「陽気で社交上手」と思われているアメリカ人にだって、こういう「不器用」な人がいるという当然のことなのですが、この映像を見て驚く日本人もいるかもなあと、僕は画面を見ながら思いました。

僕は、リズム感のないアフリカ系アメリカ人も、くどき下手なイタリア人も知っています。会ってしまえば、当り前のことなんですが、イメージとは恐ろしいもので、意外に思ったりするのです。

「日本人はみんな手先が器用」と思われていますからね。んで、海外で「折り紙で鶴を折って下さい」と頼まれて、無理ですと答えて外国人が失望した顔なんか見せると、「ああ、私は日本人なのに手先が器用じゃない！」と自分を責める気持ちがむくむくとわいて来たりします。イメージに縛《しば》られて、イメージに責められてしまった結果です。

でまあ、話は戻って、そのアメリカ人女性は、さすがアメリカの番組、即物的に、まずはレーザーで真っ赤なホッペとソバカスを治療して、きれいじゃなかった歯の全部に真っ白な人工の輝く歯をかぶせ、髪形を有名美容院で変え、スタイリストに服を選んでもらって今までの服を全部捨て、後日、見違えるような姿になってスタジオに登場しました。

彼女は典型的なアメリカ人のように、陽気で社交的になっていました。

内面が変わったのだと、彼女は言いました。けれど、僕には、今までの貧相《ひんそう》な装備から、重装備の鎧《よろい》に着替えたように感じられました。

完璧なバトル・スーツでした。

彼女の輝く笑顔を見ながら、今度の鎧は、簡単に脱ぐことはできないだろうと思いました。今までは、あまりに「不器用」だからこそ、彼女の本音と出会うことは簡単だったように感じました。彼女の本質と容易にアクセスできたのです。

けれど、すべすべの肌と今風の髪形と真っ白く輝く歯で微笑《ほほえ》む彼女を見ていると、彼女の「不器用」は、完璧な鎧に包まれて、彼女の奥深くにしまわれたように思えて、彼女は大丈夫なのだろうか、そんなに奥に隠して息苦しくないのだろうかと、心配になったのです。

典型的なアメリカ美人の微笑みを持った女性は、「不器用」であることを許されないんじゃないだろうか——。

さて、今回の本は、復刊文庫本です。

柴田翔《しばたしよう》『贈《おく》る言葉』——。

本屋さんで、懐かしいタイトルに惹《ひ》かれて思わず手に取りました。

この連載を始めたときに、ずっと気にかかっていた作品ではありました。けれど、あまりに個人的な〝思い〟ではないかとためらっていました。

前回取り上げた『人間失格』は、現代でも確実に売れ続けているというインターネットのニュースを、偶然、原稿を書き上げて入稿した日に読みました。

けれど、この作品はどうなのか？

復刊文庫本の解説を小池真理子さんが書いています。

あの時代、１９６０年代、革命とアンダーグラウンドの時代に、若者が、どんなに著者の作品に熱狂したかを解説しています。芥川賞受賞作の『されどわれらが日々――』に熱狂した人々が、引き続き、この作品にも熱中したと。

たぶん、文庫を復刊した新潮社の狙いのひとつは、団塊《だんかい》の世代とその少し前の世代のノスタルジーに訴えかけようとすることなのでしょう。

若い頃読んだ小説を、何十年ぶりかで読み返すと、懐かしい音楽を聞いた時と同じように、あの頃の感覚がちゃんと蘇《よみがえ》ります。

それは、切なく、衝撃的な体験です。年を重ねて、もう一度、自分の人生をそういう風に体験することは、感覚を研《と》ぎ直す意味でも、素敵なことだろうと僕は思っています。

と、今回、作品の紹介の前にいろいろと書いているのは、この作品の持つ「不器用」さが、今の読者に受け入れられるかどうか、確信が持てないからです。

僕は、団塊の世代ではないのに、高校生の頃、この作品に惹《ひ》かれました。

それは、この作品が、恋愛と性を「不器用」にそして「ひたむき」に扱っていたからです。

例えば、次のような文章――。

「人生への強烈《きょうれつ》な関心というものは、おそらく、その強烈さに見合うだけの、一つの思い込みにも似た強烈な観念、例えば永久革命、例えば永遠の反抗、更には絶対的愛、絶対の自由、純粋な性といった強烈な観念に、転化することなしには、存在し続けることができない。それらの観念はみな『絶対』あるいはそれに準ずる形容詞を要求するのであって、つまるところはただ一つ、漸《ようや》く始められた人生を力の限り生きたいと願う若い人間のあがきなのだ。だが、そうやって形成された排他的《はいたてき》な観念は、自己の強烈さに見合うだけの対象を、この世界に発見できない。それ故《ゆえ》、あまりに強い関心を人生に懐《いだ》くものは、必然的に、身のまわりの事柄には全く興味が持てず、自分をごまかして二十日ねずみのように空虚《くうきょ》な行動の車を踏《ふ》みつづけるか、あるいは、外見的には完全な無関心、無気力のうちに陥《おちい》ってしまう他はない」

この文章をうんうんと納得しながら読む若者が現代には、どれほどいるのでしょう。

僕は高校時代、何度もうんうんと唸《うな》りながら、この部分を読みました。

はなから、この世に絶対のものなどないことは分かっていました。勧誘の激しい宗教団体に入っているクラスメイトの話を聞きながら、その確信に半《なか》ばうらやましいと思いながらも、けれど、そんな絶対のものはこの世にはないのだと〝分かって〟いました。

なのに、のたうち回って、無い物ねだりに苦しんでいました。

「この世界に発見できない」という文章を頭では納得していても、自分の求める強烈な何かを求めてあがき、時には反動でまったく無関心になりながら、高校時代を過ごしていました。

それは、たぶん、熱狂したいという熱狂的な思いだったのです。

同じような生活をしている大学生の主人公は、ある時、〝君〟と出会います。友達のパーティーでの〝君〟の印象。

「実際、君は、不器用だった。（中略）君には、意外に単純がりたがるところがあって、そういう他愛のない遊びにも、顔を赤くし、ケラケラ笑って嬉しがる。だが、はたからみているとすぐ判るのだが、君のそうした遊びには、いつも、どこか、意識的なところがついてまわる。本当に嬉しがっているのではなく、嬉しがろうと思って嬉しがっているところが見えてしまう」

そのパーティーは、大学生の男女が集まって、性的になるのではなく、性的な匂《にお》いだけを楽しむような、生ぬるいパーティーでした。それでも、主人公の彼は、楽しいと感じ、そのパーティーの存在を否定できないのです。

彼は、政治の季節に、自分でもどうしていいか分からず、ただ、デモを見に行きます。そこで、同じように、どうしていいか分からず、デモを見ている〝君〟と出会います。

二人の仲はひとつ進み、彼女は、自分の過去を語り始めます。それは、高校に進学して、女子だけが家庭科が必修であることに抵抗した話でした。

「何故、女子には、やるやらないを自分で決める自由がないの。何故、女子だけ、個人としてではなく、女子という枠《わく》で一括《いっかつ》されてしまうの。私には判らなかった」

彼女は抵抗を続けますが、教師たちは受け入れません。彼女は、家庭科を必修で勉強しながら、フランス語も、男子と同じ時間、勉強することを要求します（男子は家庭科の代わりにフランス語でした）。そして、彼女は、一人だけ、それを実現させます。

「でも、私が、本当にショックを受けたのは、家庭科に出なければならなくなったためだけではないの。その時の、同級生たちの態度よ。男子には、それでも、何人か、私の言うことの方が正しいって言ってくれた人もいたわ。でも、女子たちは、何一つ言わないで、じっと、意地悪そうに私を見て、変な人が変なことを言っている。あれは私たちの仲間じゃない。私たちはもっと普通だ。私たちはもっと可愛らしいんだって、無言のうちに言いあっているの。私、高校にいる間、一人も友だちらしい友だちはできなかったわ」

この感覚を高校時代に体験した人は多いと思います。

１９６６年に書かれた文章から、何十年たっても日本人はあまり変わっていないと気付かされるのです。

そして、大学に入り、恋人が出来て、頑《かたく》なな感覚が消えていくのなら、通常の恋愛小説です。けれど、そうはなりません。

彼女は、まず、このことから、次のような教訓を持ちます。

「これが社会なんだ。これが、現在の日本の社会の現実なんだって、自分に言いきかせたわ。いい気になってはいけない。甘くみてはいけない。向うがそうなら、こちらも、油断なく、身構えなければいけない。（中略）自分の欲していることを貫くためには、意地になり、頑にならなければならない。そう、決心したわ」

彼は彼女に惹かれ、二人は交際を始めます。

彼は、無気力な状態から抜け出すようになりました。そして、彼は、「君との間柄の中に、単なる男女の附き合いではなく、自由な人間の自由な生活という、自分の観念の現実化の場を求めていた。ぼくらの間柄は、自由な男女の自由な結びつきでなければならなかった」

あなたが、若い読者なら、この言い方は理解できないかもしれません。彼は続けて、こう言っています。

「それは、何か一つの既製の言葉で呼ばれ得るはずがなかった」

関係を他人から断定的に言われた時、この感覚がくっきりと立ち上がります。「じゃあ、恋人なんだ」「じゃあ、セフレだね」「じゃあ、結婚を前提につきあっているんだ」

社会の枠組みの中の言葉で断定された時、内心、「いや、それはそうなんだけど、でも、ちょっと違うんだよね……」と思わずつぶやいてしまう感覚。そして、自分たちの個人的な関係が、世の中の当り前の言葉で完全に説明がついてしまう、もどかしさとやるせなさの感覚。

彼女は外交官試験を受けると言い出します。そのためには、勉強しないといけない——。

交際は進んでも、彼女は決して、最後の一線を越えることを許しません。

激しいキスと抱擁《ほうよう》の後、彼の手が下着にかかると、彼女はあえぎながら、激しく身体を振って拒否しました。

彼は、何故と聞きますが、彼女は駄目《だめ》としか言いません。

そして、沈黙の後、彼女は言います。

〈「——私、勉強しなくちゃと思うんだ」

「それ、どういう意味なんだ」

ぼくは、苛立《いらだ》った。

「私たち、随分、時間を無駄《むだ》に使った——」

「——」

ぼくは、咄嗟《とつさ》に答えるべき言葉が見つからなかった。ぼくは、君と過した時間ほど充実した時間を知らなかった。そのために、人生において読むべき何十冊の本を読めなかったとしても、悔いはなかった。〉（引用、〈　〉部分）

高校二年の時、僕は当時、つきあっていた彼女から、まったく同じことを言われました。彼女は、一つ年上の高校三年生で受験の重圧に苦しんでいました。

そして、最後の一線を頑《かたくな》に守り続けていたことも同じでした。僕たちは、激しいキスと抱擁はしても、最後の一線を越えることはありませんでした。彼女が、頑に拒否したのです。

彼女が意識的に女性の生き方を追求していることも同じでした。彼女は、女であるというだけで制限されてしまう人生の可能性に対して、激しく反発していました。

それは、社会に対する抵抗でした。体制に対する反発でした。

そんな彼女なのに、小説の中の〝君〟と同じく、性道徳に対しては、きわめて保守的でした。理由も言わず、頑に拒否を続けました。けれど、それ以外は、本当に充実した関係でした。けれど、小説の主人公と同じように、まだ女性を知らず、性に対して激しい好奇心と熱情を持っていた僕は、彼と同じように、終わりのない抵抗に疲れ始めていました。

やがて、愛はなくてもセックスが可能な女性が僕にも彼にも出現します。

そして、彼は拒否するのです。

「だが、心の何処《どこ》かが、その崩《くず》れて行く気持に必死に逆らっていた」

僕は、もし、この小説を読んでいなかったら、間違いなく一線を越えていただろうという確信があります。

彼は言います。

「ぼくが女に求めているのは、自分が考えていることを、ちゃんと言葉にできる人間なんだ」

つまりは、ちゃんと言語になっていないとそれは、お互いの自由な関係ではないというのです。

この生真面目さと不器用さ。

この小説に登場する人物たちは、その当時の若さの特権として、いつも考え、悩んでいました。恋愛にも人生にも。

主人公と同じ寮に住むTは言います。

「俺は、自分が既成概念だけで動いているのじゃあるまいかと、思うことがあるのだよ――」

新しい価値を創りたい、旧来の価値に縛られたくない。その当時の意識的な若者の多くは、そう思っていました。

流行に乗ることに大した抵抗もなく、逆に流れに乗ることに誇らしさを感じる若者には、信じられない発言でしょう。

彼ら、彼女らは、自分たちだけの固有の新しい文化を創りたいと思っていたのです。

それはつまり、自分の行動のひとつひとつにちゃんとした意味を見出したいという欲求であり、祈りでした。

それは、メールやLINE、コミュニケーションアプリで簡単に交際が始まり、簡単にセックスをして、やっぱりメールやLINE、コミュニケーションアプリの文章だけで簡単に別れるような行動の正反対のことです。

日本のテレビで、渋谷にたむろする若者のドキュメントを見ました。若い女性が、一人、「ちょっと行ってくる」と言ってセンター街を出て、小一時間ほどで戻ってきた後、どうしていたのかとテレビクルーに聞かれて、「公園でエッチしてた」と答えていました。

昨日知り合った男がイケメンだったので、呼び出されて公園でセックスをしたと、あっけらかんと語りました。

けれど、そのあっけらかんさは、不自然なあっけらかんさだと僕は感じました。本当になんでもないのなら、逆にもう少し反応があるはずだ。それは心にシャッターを下ろしたあっけらかんさだと思いました。

もちろん、セックスがあまりに多くて、日常になってしまった結果、あっけらかんとなったのかもしれません。けれど、それが、あまりにも自然だからこそ、不自然に感じるのです。

それは、どこか自分の体に対する激しい無関心さのような気がします。この激しい無関心さは、じつは、僕は、１９６０年代の若者たちが持つ無関心さと通じるように感じてしまうのです。

高校生の時から、久し振りに読み返して、登場人物たちの生真面目さと不器用さに、僕はやっぱり感動しました。

それは、表面的な不器用さではなく、物事の本質を常に考えてしまう、観念としての不器用さとひたむきさです。

この時代から、人々は、生真面目に観念的に考えることをだんだんとやめるようになり、やがて、快か不快か、泣けたか、心拍数は上昇したか、体が興奮したかを判断の基準にするようになりました。

けれど、不器用なひたむきさに悩む人の数は、セックスがはるかに容易に日常になった現代においても、本質的にはそんなに変わらないんじゃないかと僕は思っているのです。

援助交際をしていた知り合いの女性は、

「セックスをするかどうかはあんまり関係ないね。部屋で裸になったら、同じだから」とあっけらかんと答えていました。

裸になった瞬間に、彼女は重装備の透明な鎧を精神に着させるんだと、僕は思いました。鎧が完璧になって、着方があんまりうまくなると、彼女の不器用な本音はどこに行くのだろうと考えました。援助交際をする理由が、金を借り続ける恋人のためだと知ったのは、彼女の消息が分からなくなって数年後のことでした。

それも、残された元彼がしゃべったから、周りは分かったのです。彼女は、完璧な鎧の下、あっけらかんとセックスをしているだけでした。

この小説が書かれた時代に比べて、不器用さを見せてはいけないというルールが、とても厳しくなっているように感じます。

今の若者は、不器用でひたむきに生きる、この小説の恋人たちをどう感じるのだろうと思うのです。

Chapter 7

藤子・F・不二雄
『劇画・オバQ』

（1973年）

あなたは、何故、小説を読みますか？　映画や演劇、マンガやアニメを読んだり見たりするのは何故ですか？

うんと簡単に言えば、「現実を忘れる」ため？　それとも、「現実を見つめる」ため？

優れた作品とは、あなたの抱《かか》えているやっかいな現実を忘れさせてくれるものですか？　それとも、あなたに、現実の隠されている本当の姿を教えてくれるものですか？　名作とはなんですか？　楽しさのあまり、あなたの抱えているつらい現実を忘れさせてくれる作品？　それとも、あなたが苦しんでいる現実を理解する手助けやヒントをくれる作品？

僕は、『第三舞台』という劇団を主宰《しゆさい》していました。

『第三舞台』は、幸いなことに、大勢のお客さんに支持されました。１９８１年に旗揚げして、80年代の半《なか》ばから90年代にかけて、劇団は、ありがたいことに、〝熱狂的に〃応援されました。

僕は、公演のたびに劇場のロビーに立っているので、お客さんの顔が分かります。80年代の後半から、だんだんと、同じ一つの作品を、何回も見に来るお客さんが増え始めました。作品の公演期間が一カ月（全部で約三十ステージ）だとすると、同じステージを五回も十回も見に来る人たちです。

それはありがたいことですが、同時に、ここにだけ来てはいけないんじゃないかと僕は思いました。わざわざ、劇場に何回も来てくれるお客さんに対して、こういう感情を持つ理由は、ちゃんと説明しないといけないでしょう。

僕は、作品で、一貫して、「自分の足で立つこと」を表現・追求してきました。何にもすがらず、盲目的《もうもくてき》に依存《いぞん》せず、自分の頭で考え、自分の淋《さび》しさと孤独を自分でうんうんと唸《うな》りながら引き受け、どんな神も創《つく》らず、それでも前向きに生きていく方法をずっと探してきました。

果たしてそんな方法はあるのか、そんなふうに人間は生きていけるのか、それは人生の一時期だけの奇跡でしかないのか、毎回、作品のテーマや素材は違いましたが、底に流れる祈りと問いかけはいつも同じ、まさにこのことでした。

『第三舞台』が大きくなるにつれて、そして、同じ公演を何回も見に来るお客さんが増えていくにつれて、僕は、なにか違うと感じ始めていました。

ある公演では、チケットの前売り初日の十日前から、プレイガイドの窓口にお客さんが並びました。プレイガイドの人から、十日前にその話を聞いた時、僕は一瞬、ジョークかと思いました。が、それは、本当でした。

発売初日の前日には、何百人という人が徹夜しました。二万枚近くのチケットは、発売開始からわずかの時間で完売しました。すぐに、チケットがとれなかったという抗議の電話が、事務所に殺到《さっとう》しました。

自慢話をしているのではありません。普通なら、大喜びする状況でしょう。が、あの当時、僕はどんどん、深刻な気持ちになっていきました。

最初のうち、何度も同じ公演を見に来るお客さんとロビーで目が合うと、僕は「ありがたいんですけどね、ここにばっかり来ないで、どこか、他の面白いものも見つけた方がいいと思いますよ」と、微笑《ほほえ》みながら語りました。

お客さんの方も、恥《は》ずかしそうに、「そうですよねえ。もう、十回目ですからねえ」と答えてくれました。

が、だんだんと、会話ができないお客さんが増え始めました。「他にも面白いものがあると思いますよ」と、重くならないように話しかけても、ただ、じっと下を向いて、黙っているお客さんが現われ始めたのです。

楽屋口で、俳優を待っているお客さんとも、会話が難しくなってきました。関係者以外立入禁止のドアを開けて、黙って入ってきて、ただじっと立っているお客さんも出てきました。

ロビーに、泣きながら僕をじっと見つめているお客さんがいることは、普通の風景になりました。

どう考えても、それは、劇団に〝すがっている〟状況のように思えました。

すがらない生き方を表現しようとしている劇団に、すがる。

それは、強烈なパラドックスでした。僕は、作品を発表することに、ためらい、迷うようになりました。

それから僕は、意識的に、その熱狂を醒《さ》ます方向に劇団をシフトしました。公演期間の間隔をあけたり、劇団員総出演ではなく、何人かが出ない公演を打ったりしました。

そして、最終的に、２００１年、劇団を十年間、封印しました。

その代わりに、僕は、『ＫＯＫＡＭＩ＠ｎｅｔｗｏｒｋ』（コウカミネットワークと読みます）というプロデュースユニットで、芝居を打つようになりました。

劇団ではなく、毎回、作品ごとに出演者が違うプロデュース制、つまり、さまざまな人と出会い、新しい関係で芝居を作ろうとしたのです。

観客の〝すがる〟熱狂は、一段落して、僕はホッとしました。

２００４年、第六回目の公演は『リンダ　リンダ』という音楽劇でした。山本耕史さんとソフィアの松岡充さんが出演して、「ブルーハーツ」の曲を二十曲近く歌いました。俳優二人の熱狂的な人気で、客席は、『第三舞台』時代の熱気と密度を感じさせました。

僕は、芝居のアンケートをすべて読んでいるのですが、その中に、懐かしい名前を見つけました。『第三舞台』の時、同じ公演を何度も何度も見に来ていたお客さんでした。

そのお客さんは、『ＫＯＫＡＭＩ＠ｎｅｔｗｏｒｋ』になってからは、一、二度しかきていないようで、久し振りのアンケートでした。

「鴻上さんに、すがらないように、熱狂しすぎないようにと言われても、それでも、私は『第三舞台』に熱狂して、すがりました。でもね、鴻上さん。あれ以降、私はあんなに熱狂したことも、なにかにすがったことも、ないのです。私は、なにかに熱狂したいと思っているのに、なににも熱狂できないまま、平凡な主婦の生活を続けています。あの時、鴻上さんに『すがらないように』と言われて、どこかうしろめたい気持ちで熱狂していました。今思えば、もっともっと熱狂して、もっともっとすがればよかったと思います。私はなにかに熱狂したいのです。でも、熱狂するものがなにもないのです」

芝居が始まる前、僕はこのアンケートをシアターアプルのロビーの絨毯《じゅうたん》に腰を下ろして読みました。しばらくの時間、いろんな考えが浮かんで、動けませんでした。アンケートの手書きの文字は、本当に淋しそうに感じました。特に、職業の欄《らん》に殴《なぐ》り書きされた「無職（主婦）」という文字は、途方に暮れているように見えました。

今回の作品は、知る人ぞ知る名作です。藤子・F・不二雄さんが、『オバQ』こと『オバケのQ太郎』のその後を劇画で描いたのです。

タイトルも、ずばり、『劇画・オバQ』。

藤子・F・不二雄さんは、もちろん、『ドラえもん』の作者でもあります。

知らない人はいないと思いますが、念のために説明しておくと、1987年、藤子不二雄の名前で活躍されていたお二人、本名、藤本弘さんと安孫子《あびこ》素雄《もとお》さんは、長年のコンビを解散、それぞれに、藤子・F・不二雄と藤子不二雄Ⓐというペンネームになりました。

『オバケのQ太郎』は、藤子不二雄名義、つまりは共同作品ということです。雑誌の連載は、1964年から1966年（雑誌によって、1967年までのものもあり）。その後、藤子・F・不二雄名義で『新オバケのQ太郎』が1971年から1973年まで描かれています。

1965年8月に始まったアニメ版『オバQ』は、初回から30％を超す視聴率となり、1966年には、アニメ主題歌の『オバケのQ太郎』がレコード大賞童謡賞を受賞、『オバQ音頭《おんど》』はレコード二百万枚の大ヒットとなりました。

その後、1971年と85年にも、またアニメ化されています。

と、いろいろと書いているのは、その当時の「オバQブーム」を知らない人向けです。ある程度の年齢の人なら、こんな説明をぐだぐだ言わないでも、当時の『オバQ』が、まさに今の『ドラえもん』に勝るとも劣《おと》らない人気を得ていたことを実感してくれるでしょう。

藤子・F・不二雄さんは、そういうオバQを劇画にしたのです。

『劇画・オバQ』が描かれたのは、1973年。

まずは、1ページ目、タイトルの絵に驚きます。

劇画タッチで妙にリアルに、陰影をつけて描かれたオバQが振り向いている姿が、最初のページ、扉です。

その顔は、切なく、苦い表情で、何かを訴えているようです。

物語は、冒頭、大人になった正《しょう》ちゃんが、すっかり頭が薄くなったハカセ（博勢）と二人で飲み屋街を歩いている所から始まります。もちろん、二人は劇画タッチで描かれています。

ハカセは、正ちゃんに、勤めている会社を辞《や》めて、一緒に事業に参加しないかと誘っています。今度の計画は、絶対にうまくいく、足らないのは資金とパートナーだけなんだ、とハカセは正ちゃんをくどくのです。正ちゃんは、とりあえず、考えると言ってお茶を濁《にご》します。

ハカセと別れて家路《いえじ》に向かう正ちゃんに、「ちょっとおたずねしますが、このへんに、大原正太さんのお宅は……」と声がかかります。

それは、懐かしいQちゃんでした（くどいようですが、劇画タッチに描かれています）。二人は、十五年ぶりの再会を喜び合い、正ちゃんは、そのままQちゃんを自分の家に誘います。

正ちゃんは、結婚して実家から独立していました。奥さんは、Qちゃんを紹介されて驚き、「主人の子どものころの話には、かならずあなたがでてくるんですよ」と微笑みます。Qちゃんは「いい奥さんじゃない！」と正ちゃんに嬉しそうに言うのです。

晩御飯になれば、Qちゃんは、学校を卒業して普通にオバケ銀行に就職するのは嫌だから、人間の世界に戻って来たと事情を語ります。

二人の話は弾《はず》みますが、奥さんは、こっそりと、「ごはん、もうないのよ！」と正ちゃんに言います。Qちゃんは、相変わらず大食いで、あっという間に、炊飯器の中のごはんを食べ尽《つ》くすのです。

正ちゃんは、「20杯は食べるんだよ、また炊いてやってよ」と奥さんにこっそり返します。

その夜、まだまだ話は尽きません。奥さんが、正ちゃんに、「もう午前四時よ！」と耳打ちしても、Qちゃんは、奥さんはおやすみくださいと、陽気に言うのです。

次の日、Qちゃんは、奥さんに、もうお昼近くだと起こされます。正ちゃんは、もちろん、会社に行っています。

Qちゃんは、起きてまたごはんをたっぷり食べ、おやつもたっぷり食べ、奥さんに昔話をたくさんします。

夜遅く、正ちゃんは、残業でヘトヘトになって帰ってきます。Qちゃんは、「断わりゃいいんだ！」と言いますが、正ちゃんは、「サラリーマンは会社という機械に組み込まれた歯車なんだよ、勝手に脱けたりできるもんか！」と答えるのです。

奥さんは、はっと、「ほんとに残業？　また博勢さんにあってたんじゃないの⁉」と疑います。夢ばかり語り、正ちゃんを不安定な世界に引きずり込もうとするハカセは、奥さんにとっては会ってほしくない人なのです。

Qちゃんは、「今夜は久しぶりに将棋《しょうぎ》をさそうよ！」と正ちゃんを誘いますが、奥さんが、寝不足だからと忠告し、正ちゃんもそれに従います。

一度、布団に入ったQちゃんは、「正ちゃんといっしょに寝よう！」と枕を持って寝室に行き、ドアを開けようとして、奥さんの声を聞きます。

「ねえ、なんとかしてよ。毎食20杯でしょ、マンガならお笑いですむけど現実の問題となると深刻よ」

「もうしばらくがまんしてくれよ！」

「それにあのいびき‼　わたしもゆうべ寝られなかったのよ。ねえ、Qちゃんいつ帰るの？」

ドアの前で立ち聞きしたQちゃんは思わず顔を赤らめます。

次の日、Qちゃんは朝食を少なめにして終わります。けさはばかに少ないじゃない、もっとおあがりなさいよと言う奥さんに、「もうおなかいっぱい！」と答えるのです。

正ちゃんを会社に見送った後、Qちゃんは十五年前に住んでた家に行ってみます。みんなで野球をした空き地にはビッシリ家が建ち、Qちゃんが生まれた雑木林《ぞうきばやし》はゴルフ練習場に、住んでた家はマンションになっていました。

そこで、Qちゃんはまた懐かしい人と再会します。ゴジラです。ゴジラは、家業の乾物屋をついでいます。「生きてたか！　こん畜生！」とゴジラは興奮し、今夜、近くの仲間を集めとくから、家に来いと誘うのです。

夜、ゴジラの家でかつての仲間は再会します。あいかわらずキザっぽい木佐くんと二人の子どものお母さんになったよっちゃん、そして、会社の仕事で遅れた正ちゃんです。

まだ来ないハカセの話が出ます。正ちゃんは新事業に誘われていると話し、ゴジラは、あいつは頭がいいが人までいいから失敗ばかりしている、ユメばかり追い続けている、新事業に乗るのはやめとけと言います。

と、ハカセがやってきます。今日はいいものを持ってきたと言って、Qと描かれた布を取り出すのです。

それは、昔、みんなで無人島に行った時に作った旗でした。「あん時島に立てた旗だよ！」とQちゃんが叫べば、「そうだっオバQ天国をつくったっけ！」とゴジラが応えます。

みんな、一斉に、「いやーっ、なつかしいなあ！」と声を上げます。ここで、懐かしい絵が挿入《そうにゅう》されます。それは、本来のマンガ『オバケのQ太郎』です。子どものみんながQちゃんと一緒に無人島で喜び合っている姿です。

「よくあんな無茶をやったものね。」とよっちゃんが語り、「いろんなユメをもってたっけな……それが大人になるにつれてひとつ、またひとつ消えて」と正ちゃんがしみじみ言います。

ハカセは、「そこだっ!!」と興奮するのです。「なぜ消さなきゃいけないんだよ！大人になったからって……ぼくはいやだ!!　自分の可能性を限界までためしたいんだ!!　そのためにはたとえ失敗しても後悔《こうかい》しないぞ！」

ゴジラは「いいことというぞ！　このハゲ！」と感動します。「おめえはまだ立派な子どもだぜ！」

正ちゃんも興奮します。

「ぼくはひきょうだった！　きみの計画に参加させてくれ‼」

ハカセは奥さんのことを心配します。が、正ちゃんは、つべこべ言わせない！　と断言します。Qちゃんが、「ワーぼくもいれて、いれて！」と興奮すると、ゴジラも木佐もよっちゃんも、お酒で真っ赤になった顔を興奮させながら、一緒に参加することを誓《ちか》うのです。

「おれたちゃ永遠の子どもだ！　この旗に集《つど》え、同志よ‼」と叫びながら。

次の日、正ちゃんは、二日酔いの痛みで起き上がります。Qちゃんは、ゆうべの話、奥さんにしたのと、急いで正ちゃんに聞きます。

正ちゃんは、そんな約束したっけと思わず答えて、Qちゃんの怒りを買います。

「もちろんいうよ！　いったん約束したことだ！」と正ちゃんは、奥さんの前にいきます。すると、正ちゃんが話す前に、奥さんは子どもができたと言うのです。正ちゃんは、興奮して、会社に向かいます。

その姿を見たQちゃんはつぶやきます。

「そうか……正ちゃんに子どもがね……。と、いうことは……正ちゃんはもう子どもじゃないってことだな……。……な……」

そして、空に飛び立ちます。ラストの絵は、人間界を後にして、オバケ界に戻ろうと空を飛んでいるQちゃんの後ろ姿です。そして、Qちゃんとビルの間に、Qと描かれた旗が、風に舞って飛んでいるのです。

全部で20ページ足らずの短編です。このマンガを描いた当時、『オバQ』のファンから「夢を壊さないでほしい」という抗議があったそうです。僕自身も、二十代でこのマンガを初めて知った時、激しい衝撃を受けました。そして、感動しました。

それは、『オバQ』という夢に溢《あふ》れた作品の向こう側を見せる勇気に対する感動でした。『オバQ』を読んで、楽しく時間を忘れていたファンに対して、現実を突きつける試《こころ》み。この瞬間から、藤子・F・不二雄さんは、僕にとって、『ドラえもん』だけじゃない、大人の読み物の作者になったのです。

名作とはなんだろうと考え続けて、生きる勇気を与えてくれるものだと、僕は今、結論しています。

その作品が、「現実を忘れさせて」くれるものであろうが、「現実を見つめさせて」くれるものであろうが、どちらでも、生きる勇気をくれるものが名作なんじゃないかと思うようになったのです。そして、夢の終わりを描いた『劇画・オバQ』を読むと、僕は哀しくなりながら生きる勇気を得るのです。それは、「正ちゃんはもう子どもじゃないってことだな……」と曇《くも》り空を飛んでいくQちゃんの背中に、絶望しながらも、現実を受け入れ、そういう現実を生きていく意志を感じるからです。

それがどんなに微《かす》かな、小さなものでも、生きていこうとする意志がある限り、僕は感動するのです。

Chapter 8

筒井康隆
『大いなる助走』

（1979年）

賞というものをもらって、嬉しくない人はいないだろうと思います。

国家からもらう勲章《くんしょう》は、ちょっと複雑なものがありますが（国家なんてものに、いちいちランクづけされたくないという思いと、けどまあ、くれるもんはアメ一個でももらっておいた方がいいんじゃないかという葛藤《かっとう》がありますが）、ナントカ賞なんてものは、単純に嬉しいだろうと思います。

演劇をやっている僕が、唯一《ゆいいつ》、小説家の人に胸を張れるのは、演劇界の賞の厳しさでしょう。

演劇の場合は、評論家という人が実際に劇場に来ます。そして、作った本人の前で、作品を観ます。

小説なら、小説家の前で作品を読むようなものです。

笑いながら読んでいるか、しかめっ面しながら読んでいるか、演劇の場合は手にとるように分かるのです。

当然、客席であくびされたり、熟睡《じゅくすい》（！）されたりする場合があります。

おおっぴらには言いませんが、演劇の作家や演出家が集まれば、「あの評論家は、前半寝ていたくせに『作品の伏線《ふくせん》が弱い』だの『中盤が説明不足』なんて劇評に書いてるんだぜ」なんて会話が交わされます。おおっぴらにしないのは、そんなこと言って恨《うら》みを買って、次の作品の時にもっと批判的な劇評を書かれたら、たまったもんじゃないからです。

ですから、どんな演出家にも劇作家にも、「こいつだけは許せん」という評論家が何人かはいます。

「いや、殺したい奴がいるよ」と普通な顔をして言った演出家さんもいました。

これまた小説家さんと違うのは、「この作品はダメである」と書かれた時、もう死んでしまいたいと激しく傷つくのは、小説家さんの場合は、本人と編集者、それに家族ぐらいでしょう（ファンはもちろん傷つくでしょうが、それは、小説も演劇も同じです）。

けれど、演劇人の場合は、「この作品はダメである」と書かれた場合、激しく傷つくのは、演出家、劇作家、プロデューサー、数人から数十人の出演俳優、およびその家族、数人から数十人の舞台スタッフ、およびその家族、場合によっては劇場の運営スタッフ、などです。制作の手伝い、なんて人達も感受性が強ければ当然巻き込んで、多くの人に激しい影響を与えるのです。

特に、主演俳優が作品に疑問なんて持っていたら、「この作品はダメである」という劇評を読んで、「ほらみろ！　やっぱり、この作品、ダメじゃん。演出家の言うこと聞いたからこんなことになったんじゃないか。明日からもう聞かないからな。みんな、もう、あいつの言うことなんかムシして、好き勝手やろうぜ！」となる可能性だって普通にあるのです。

そういう時は、残念ながら、作品は、もっとひどくなってバラバラになります。調子よかった作品が、劇評ひとつで、本当にダメになることも普通にあります。

そうなると、演出家は、その劇評を書いた評論家を殺したくなるのも当然というものです。

小説家さんは、書評でボロクソに書かれたら、自分の責任で自己崩壊しますが、劇評の場合は、プロデューサーや俳優や舞台スタッフがヤケになって、それが劇作家や演出家に影響して、一蓮托生《いちれんたくしょう》で自己崩壊することになるのです。また、一冊の本の書評が悪くて書店が潰れることはないでしょうが、劇評によって興業が終わることは普通にあります。

で、こういう評論家の人が、賞を決定することが多いのですが、みんな、「その評価は本当に正しいのか？」という突っ込みを密《ひそ》かに持っています。

2007年6月、僕はロンドンで自分の作品『トランス』を英訳して、イギリス人俳優を演出、上演しました。

プレスナイト（日本の初日に当たります）には、マスコミや劇評家が三十人以上来ました（なにせ、プレスナイトですからプレスが来るのです）。

で、プレスナイトには、俳優やプロデューサー、演出家、劇作家は、一番親しい友達を招待するのが通例なんだそうです。そして、一番親しい友達に「あったかい目で観てね。ギャグが少々、すべってても笑ってね」とお願いするのだそうです。

というか、プレスナイトに招待される友達や家族は、もうそんなことは充分承知していて、その日の自分達のミッション（使命）を果たそうと頑張るのです。で、劇評家の人たちは、「おっ、結構受けてるな」とか「ふ～ん、こういうのが客の好みなのか」と〝誤解〟する、というわけです。

驚いたのは、『トランス』の初日に来た劇評家のうち、十人近くが、芝居の最中、ずっとメモを取っていたことでした。最前列に座った有名な評論家は、ほとんど舞台を見ないで、ずっと下を向いたまま、メモを取り続けていました。

「な、なんて失礼な男なんだ。俳優はやりづらいだろうなあ……」と、僕は後ろの客席から、ずっと下を向いている男の後頭部をじっと睨《にら》みながら思いました。

この男の書いた劇評は、好意的でしたが、装置の数を間違えていました。僕は、六十センチの立方体を四個使って、それをさまざまに動かして、ベッドにしたり、椅子《いす》にするという演出を組み立てたのですが、劇評では、「三個の立方体を使い分けて」と書いていました。ずっと下を向いていたので、正確な数が判らなかったのです。冗談のようですが、本当にそう書いていました。


で、劇評が二十本近くでたのですが、二十本を並べてみると、絶賛から酷評《こくひょう》までさまざまありました。平均的には、好意的なものが多くてホッとしたのですが、けれど、やっぱり、「その評価は本当に正しいのか？」とつぶやいてしまうのです。


つまりは、「評価」が「正しい」とはどういうことか？　と思うのです。

目に見えないものに、正しい評価はあるのか？

スポーツは、とても分かりやすい世界です。

一位、二位、三位は、数字で出ます。百メートル走の順位は、評論家によって変わることはありません。野球の得点が解釈によって変わることもありません。けれど、演劇や文学や絵画には、目に見える基準はないのです。

こういう言い方だと、明確でしょうか。

今回取り上げる筒井康隆《つついやすたか》氏は、あれだけ売れて、あれだけ話題作を書き、あれだけ読者に愛されているのに、今もまだ直木賞を受賞していません。

筒井氏は、三度、直木賞の候補に上がり、落ちています。本人のあずかり知らぬところで、勝手に候補にされ、勝手に落とされ、勝手に落とした理由として作品の悪口を書かれる。

これを理不尽《りふじん》と言わずして、何を理不尽と言うのでしょう。

ここで、自分のことを出すのは、まったくもって申し訳ないのですが、筒井氏にくらべてはるかにチンケなスケールですが、僕は、演劇界の芥川賞と言われる岸田國士《きしだくにお》劇曲賞に十年間、勝手にノミネートされ続け、毎年、落とされて、毎年、作品の悪口を言われました。

『ハッシャ・バイ』という作品の時は、他の候補作を知って、「今年はさすがに大丈夫だろう」と自信満々になり、制作が手配した記録用のビデオクルーまで入って、満を持して劇団の事務所で待っていたら、「今年は、該当作なしです」という電話が入ったりしました。

最後の方は、もうヤケクソになっていて、「直木賞を無視され続けている筒井康隆先生、芥川賞を無視され続けている村上春樹先生、御尊敬申し上げております」なんて心境になっていました。

十年後にやっと賞をもらった時は、もう三十七歳になっていて、「若手作家の登竜門と呼ばれる岸田賞を鴻上尚史、受賞」なんて新聞記事を見て、「ほお、やっと登竜門かい。つうことは、まだ門に入ってなかったんだな。じゃあ、おれは、この十年間、どこにいたんじゃあ！」と叫んだものです。


自分で言うのもなんですが、観客が数万人規模になって、審査員から反感だけを買っていたのは間違いないと思っています。

この賞の審査員は、直木賞と同じように評論家ではなく、作家さんたちでした。ある作家さんに、パーティーで会った時に、「おれの目の黒いうちは、お前には賞をやらん」と面と向かって言われたこともありました。

その審査員と、そして同じ世代の別の何人かの審査員が交代して、すぐに賞をもらうことができました。

複雑に嬉しかったのですが、それは、さんざん恋い焦《こ》がれて、やがて、もう恋する気持ちがなくなってしまった恋人から十年ぶりに告白されたような、喜んでいいのか怒っていいのか無関心のままでいいのか、よく分からない感情でした。で、そういう感情のままで、やっぱり、「その評価は本当に正しいのか？」とつぶやいてしまうのです。

筒井康隆氏『大いなる助走』は、きわめてシンプルで直接的なストーリーです。同人誌に載《の》った処女作が、ヒョンなことから直井《なおく》賞の候補作になった市谷《いちたに》京二が、周囲の羨望《せんぼう》と冷笑をあびながら、受賞目指して繰り広げる壮絶な闘いの物語です。

前半は「焼畑文芸」という地方の同人誌の話が中心です。

作品の合評会の時に、「同人誌どまり」の作品という言葉がきっかけで、同人たちはモメます。

商業誌に認められて、転載されるような作品が素晴らしいのか、それとも、ごく少数の読者を相手にする作品でも、充分に素晴らしいのか。

ある同人は言います。

「書いている本人にしてみれば、読者が多いか少いかは問題ではなく、自分の世界を確立しようとして書いているんだ。（中略）自分との戦いだ。作家にとって、書くことはゲームじゃなく、生きることなんだからね。単に、書かなければ自分が見失われると感じるから書くんだ。もちろん読者がひとりもいなければむなしい作業ということになるが、読者がひとりでもいる以上は断じて自己満足なんかじゃない」

でも、商業誌に転載されるという正しい評価も受けたいし、と別の同人が言えば、「あなたのいう評価は文壇《ぶんだん》ジャーナリズムの評価でしょう」とまた、別の同人が言います。

「でもそれが唯一のものじゃない。ぼくは保叉氏だの、県内で同人誌を主宰《しゅさい》している二、三の友人だの、そういった人たちの評価の方をより信じるし、その人たちからいい批評を貰うことがぼくの書き甲斐のひとつにもなっているんです」

自己満足じゃないと言った同人がさらにだめ押しします。

「今の文学状況というのはマスコミが作っているんだからね。所詮《しょせん》、われわれの文学とは相容《あいい》れないものがある」「文学とマスコミが共存できる筈《はず》はないので、つまりは今、文壇ジャーナリズムからは文学が失われているといってもいいだろう。そういうものに本当の文学が評価できる筈はないんだよ」

主人公の市谷は、まだ同人に参加したばかりで初めての合評会です。なので、ただ、驚きながら、いろんな人の発言を聞いています。

ここに、東京から編集者が偶然、同席していました。

同人たちに、「この辺でひとことあなたのご意見を」と促されます。

編集者は、「そうですか。それではひとことだけ」と答えて、約一時間、えんえんと話しました。

「そもそも小説を書く、というのは自分以外の他人に読ませる為に書くのであって、そうでないのなら書く必要はありませんね。自分ひとりの為に書くのなら日記でいいことで何も小説という形式にする必要はない。小説という、自分以外の他人にとって日記以上にわかりやすい形式で書いたというそのことがすでに、他人に読んでほしいという願望のあらわれなのですからこの点で議論の余地はないと思うんです。（中略）小説を書く以上あくまで読者がいちばん重要な問題であって、作者以前に読者が存在するといっていいくらいです。当然、作者が読者を選ぶのではなく、読者が作者を選ぶのです。おれは読者を選ぶなどという作者がいますがナンセンスです。その読者は選ばれたのではなくあべこべに作者を選んだのです。優秀なひとにぎりの読者で満足だとか、数人のあるいはたった一人の読者の為に書くのだ、などということばもナンセンスで、これはその作者を選んだのが数人のあるいは一人の読者に過ぎなかったということに過ぎません。その読者たちが本当にすべて優秀かどうか、これだって自分の読者はすべて優秀だと思いこみたい作者の世迷いごとで、作者にそんなことがわかる筈はなく、もともと作者には関係のないことで、読者がたまたま優秀であろうが低劣であろうがそのどっちでもなかろうが、作者には文句は言えないのです。ただ、優秀な読者をできるだけたくさん得ようと努めることはできます。大勢の人に読んでもらえばいいのです。少数より多数の中に優秀な読者が多いことは確かですからね。一人より十人、百人より千人、一万人より十万人というわけです。(中略)いい小説を書こうとする努力は多くの優秀な読者を得ようとする努力と不可分離のものであって、このどちらかが欠けている人にはそもそも小説を書く資格がない。過去現在を通じていかなる大作家もこのふたつの努力を共に怠らなかった。というよりむしろ彼らにはひとりでも多くの読者を獲得したいという常人に数倍する並はずれた強い願望、それはもう、ほとんど焼けつかんばかりの想いがあり、その気ちがいじみたエネルギーが彼らに大傑作を書かせたといえるのです」

……まだまだ、彼の話は終わりません。全部、引用していると、もうこの原稿が終わってしまいます。この編集者は、あんまり興奮しすぎて、途中で泡を吹きます。吹いて倒れて、起き上がって、また話を続けます。

もし、僕がこの場所にいたら、僕もまた、他の同人と同じように、ア然としながら思わず聞き入ってしまったでしょう。

僕は、数万人の観客や読者は欲しいと思いますが、それ以上はいらないと思っています。でも、この編集者は、もっと上を上を求めるのです。

当然、この演説を聞いて、同人たちはショゲます。

そうこうしているうちに、市谷の処女作が、直廾賞の候補作になるのです。

同人たちは、嫉妬《しっと》と羨望に身悶《みもだ》えし、市谷は、編集者の手引きで、受賞のためのあらゆる活動を始めます。

選考委員たちは、金で納得する者、女性を紹介すると転ぶ者、お尻を捧げて喜ぶ者、いろいろです。

市谷は、賞を取るためにと、全額、貯金を使い果たし、不倫相手の人妻に協力を求め、自分自身を捧げて、賞を取ろうと必死になるのです。

選考委員たちは、当然のようにどの作品も読まず、ただ編集者から粗筋《あらすじ》を聞くだけなのです。

市谷がそれからどうなったかはネタバレになるのでここでは書きませんが、全編から、筒井氏の「直木賞を三度も落としやがっててえー！」という憤怒《ふんぬ》が立ち上がってきます。筒井氏の才能は、私怨《しえん》（？）と思われるのに、それが一級のエンタテインメント作品になっていることです。

十年間、岸田戯曲賞を落とされ続けた時、僕の頭にずっとあったのはこの小説でした。この小説があったから、僕は「岸田戯曲賞落選ドタバタ戯曲」を書かなかったのです。

この小説は、連載中から、「あの連載をやめさせろ」とモデルにされた選考委員のひとりがいちばん大きな唇《くちびる》で（！）、編集部に怒鳴り込んできたそうです。井上ひさしさんは、新人文学賞の選考会の時、しばしば「この人に受賞させないと、『筒井康隆に直木賞をやらなかった』ようなことになる」と発言しているそうです。

僕が十代の頃は、SFの時代でした。

日本では、筒井康隆氏、小松左京氏、星新一氏が三大巨頭でした。

僕はどの作家にもはまりました。新刊が出るたびに（と言っても、文庫本の新刊ですが）、この三人は必ず買いました。そして、センスオブワンダー、不思議な感覚に興奮しました。

中学校時代に一番はまったのが、星新一氏。高校に入って、筒井康隆氏、小松左京氏が中心となりました。

頭を使って知的に楽しんだのは、小松氏。とにかくわひわひと笑い、興奮したのは、筒井氏でした。

この三人によって、僕は日常的に活字を読む楽しみを教えられたと言っても過言ではありません。

活字を読むことが、勉強でも知識の蓄積でもなく、純粋に楽しみなんだ、興奮することなんだ、と教えられました。

星新一氏なら、『ボッコちゃん』。小松左京氏なら『日本アパッチ族』を紹介するのですが、今回は、筒井氏を選びました。

星新一氏も小松左京氏も、たった一度、直木賞の候補になり、そして落選しています。二人の作品の水準から考えれば、信じられないことです。

筒井氏は、現在、日本の重要な文学賞の選考委員をふたつも務めるようになったと文庫本の「新装版のためのあとがき」に書いています。

僕もまた、あれだけ邪険《じゃけん》にされた岸田戯曲賞の審査員を数年間、経験しました。選考する側に回っても、いつも、「その評価は本当に正しいのか？」と考えてしまいます。

多くの読者や観客を獲得することが究極の目的なのか？　読者や観客は少なくとも、優れた作品はあるのか？

明確な答えがないまま、いつも、審査を続けるのです。

それでも、まずはワクワクする感覚。読者として観客として、無条件にワクワクする感覚から始めるしかないんだろうなと思っているのです。

活字のとびきりのワクワクを僕に教えてくれたのは、日本ＳＦ界の三巨人、とりわけ、筒井康隆氏だったのです。

Chapter 9

フランツ・カフカ
『変身』

（1915年）

僕が二十歳台の頃、同じく二十歳台の若い劇団員が、バイク事故で死にました。

それは、衝撃的な体験でした。公演の三週間ほど前でした。その当時、早稲田大学演劇研究会というサークルに所属して、『第三舞台』という劇団を主宰していた僕は、早朝、一本の電話で起こされました。

それは、テントに泊まり込んでいた劇団のスタッフからでした。サーカスのようなテント小屋で芝居をしていた僕たちは、仮設のケイコ用のテントを大隈講堂裏のサークル広場に建てていました。仮設とは言え、照明や音響の機材を仕込んでいるので、交代で見張り番のためにスタッフは泊り込んでいたのです。

大学の職員が、警察からの連絡を受けて、早朝、テントで寝ていたスタッフに確認を求めました。事故の時、手がかりは、大学名と『第三舞台』しかなかったからです。

僕は、彼が死んだというスタッフの声を電話で聞きながら、起き抜けの朦朧《もうろう》とした意識の中で、「悪い夢を見ているようだ」と思っていました。

「不条理《ふじょうり》」という言い方があります。60年代に一世を風靡《ふうび》した言葉でしょうか。

広辞苑では、「道理に反すること。不合理なこと」と説明されています。また、「実存主義の用語で、人生に意義を見出す望みがないことをいい、絶望的な状況、限界状況を指す」とも説明されています。

「人生は不条理だ」という言い方も、よくされました。まるで発見のような言い方でしたが、ちょっと考えれば、「そりゃそうだよ」とみんな納得しました。

突然、何の前触れもなく、いきなり一人の人間が消えること。それも、無謀運転をしたとか飲酒運転をしたとかではなく、一方通行を逆行してきた車にそれこそ一方的にぶつけられて、二十二歳の人生がいきなり切断されること。

これを不条理と言わずして、なにを不条理と言うのでしょう。

三週間後の公演は、劇団員全員で相談して、中止にしました。僕は、ぽっかりと空いた時間をただ映画のビデオを見ることで過ごしました。ハリウッド映画だけでなく、ほとんどの商業映画は、ちゃんと起承転結があって、主人公が突然死ぬなんていう不条理なことは起こりませんでした。がんばった人は最後に必ず、報《むく》われました。脇役の人は突然死ぬこともありましたが、それも、すべて、主役の人のがんばりと成功に通じました。脇役の人の死も、ちゃんと意味があったのです。

彼のお葬式に行けば、お母さんは半狂乱になっていました。死んだ彼は本当に才能があって、将来を期待されていたのです。無理もないと、僕は胸がつぶれる気持ちで見つめていました。

次の年、法事があって、もう一度、お母さんと会いました。お母さんは、「息子の死は、運命だったの」と語り始めました。それは、お寺のお坊さんから教えられた話のようでした。

その理屈には、無理を感じました。感じましたが、彼の死は運命で、死ぬことで彼は自分の人生をまっとうしたという理屈を、お母さんが必死で信じようとしていることがよく分かりました。

これが、宗教の存在意義なんだと、二十六歳の僕は思いました。

お母さんは、その理屈を語る時、ほんの一瞬、穏やかな顔になりました。その理屈だけが、お母さんに安心を与えるようでした。

突然、最愛の息子を失うというむき出しの不条理に対して、お坊さんは、それは「無意味でも無価値でもなく、定めだったのだ」という〝条理〟を対抗させました。

そして、人生の不条理に打ちのめされていたお母さんは、それを受け入れたのです。

それは、人間が生きていくためのぎりぎりの智恵なんだと、その当時の僕は思いました。それまで、宗教に振り回されている人を、なんとなく距離を持って見ていた僕は、少し、宗教に対する見方が変わりました。具体的に・切実に・必死で、条理を求める人の存在を知って、簡単には世俗的な宗教を否定できなくなったのです。

もちろん、「人生は不条理である」という言い方には、プラスの場合もあると思います。

「不条理」という言葉からは遠いイメージですが、けれど、突然、高額の宝くじが当たったり、愛しい人と街で偶然会ったりすることも、人生には起こりうるでしょう。

そういう時、人は、理屈を超えた人生の幸運を受け入れます。その時は、「なぜ、こんなことが起こるんだろう？」と追究する人はあまりいません。

「自分は強運の持ち主なんだ」という理屈にならない理屈で、簡単に納得する人も多いでしょう。

僕たちはどうやら、幸運に鈍感で不幸に敏感なのだと思います。

理解できない悲しいことが起こった時、人はその理由を追究します。理解したいと思います。理解できないと、心が不安定になり、いてもたってもいられなくなります。

「自分は、不幸な星の下《もと》に生まれているんだ」という理屈にならない理屈で納得する人は少ないでしょう。

「どうしてあの人は突然死んでしまったのか？」「どうしてあの人は私を捨てたのか？」「どうしてこんな事故が起こったのか？」

けれど、これが正解だと言える答えはありません。答えは無数にあっても、それが本当に正解かどうかは、誰にも分からないのです。どんなに理屈を重ねても、最終的には、それは偶然としか言えない場合が多いのです。

一方通行の道を逆行してくる車は、日本中であるでしょう。けれど、その車にぶつかるかぶつからないかは、その道をまさにその瞬間走っているかどうか、で決まります。一分後でも一分前でもなく、まさにその瞬間、そこを走っているのは、偶然だとしか説明できないのです。

ですから、もし、小説が人生を描くものだとすれば、不条理な小説こそが人生を表していることになります。

人生が不条理なのですから、小説も不条理になるだろうということです。人生が不条理なのに、小説が条理に満ちているのなら、それは、本当の人生を表した小説ではなく、「理想の人生」や「フェイクの人生」を表したものになるでしょう。

「不条理な人生」を描いた「不条理な小説」とは、つまりは、「どうしてそんなことが起こったのか?」ということが、まったく説明できず、けれど、説明できないことがリアルに起こる小説のことです。

ここで、読者のあなたも、そして僕も、この作品のことを思い出すのです。


フランツ・カフカ『変身』。

「ある朝、グレーゴル・ザムザがなにか気がかりな夢から目をさますと、自分が寝床の中で一匹の巨大な虫に変っているのを発見した」

小説の最初の一文が、物語のすべてを簡潔に表しています。

この物語が世界中の読者に与えたインパクトは、つまりは、「どうして、こんなことが起こったのか?」ということでしょう。

それを、ちょっと気取って文学的に表現すれば、「一匹の虫になるということは、なんのメタファー、象徴なのか?」ということになります。

つまりは、〝変身〟の意味を追究するのです。一匹の虫に変身する意味とはなんなのか?

『変身』は徹底したリアリズムで書かれた小説です。そのリアリズムによって、読者の前に圧倒的な存在感でせまります。ただのフィクションとは思えない迫真性があるのです。

ザムザは、虫になっても、セールスのために、「さあ、いまはもう起きなければならない、汽車が出るのは五時なのだから」と思います。

けれど、虫になっているのでなかなか、うまく起きられません。ドアには鍵《かぎ》がかかっているのですが、これもうまくあけられません。

部屋から出てこないザムザを家族が心配し、やがて、仕事の支配人までやってくるのです。

そして、家族たちは虫に変身したザムザの姿を見て、驚き、部屋に閉じ込め、隠そうとするのです。

粗筋《あらすじ》としては、これで充分と言えます。取り立てて、激しい事件が起こるわけではありません。激しい事件は、虫に変身するという冒頭だけです。

近づいてくる虫のザムザに父親はリンゴを投げつけ、それが彼の体にめり込み、やがて腐《くさ》ってきます。

ザムザは、どんどん人間的な思考を失い始め、虫であることが当然のようになってきます。

自分の部屋にじっといて、あまり食べなくなっていくのです。

通常のリアリズム小説と違うのは、たった一点、主人公のザムザが虫になったということだけです。

そして、虫になった理由も、虫になってザムザがどう思ったかも、書かれていないのです！

それ以外はあまりに普通なので、「どうして虫になったんだ？」とよけい、追究したくなります。家族の生活がファンタジーだったら、「不思議なことがよく起こるんだな」と納得できますが、描かれているのは、平凡な生活なのです。

まさに、虫になるという一点が、不条理なのです。

そしてこれは、普通の生活を営んでいた人間が、たった一回の交通事故で突然死亡するという不条理に対応します。それまでの生活が普通であるからこそ、突然、起こった不条理が納得できず、なんとか理解したいと思うのです。

劇団員のお母さんが、息子の死の理由を激しく追究したように、この小説を読んだ読者は、激しくその変身の理由を追究します。

この時点で、この作品は成功したと言えます。描かれている生活が圧倒的にリアルだからこそ、読者は虫になることに納得できないのです。

優れた作品は、読者に「理解したい」という激しい衝動《しょうどう》を起こさせるものなのでしょう。たぶん、それは人間の死にも当てはまります。亡くなった劇団員、岩谷《いわや》真哉《しんや》は、本当に有望で、若く、期待されていました。だからこそ、その死の理由を激しく求められたのです。

けれど、小説が人生そのものを描いている場合は、人生の中に答えがないように、小説の中にも答えはないのです。

だって、人生は不条理なんですから。不条理なことが、当然のように起こるのが人生なのですから。

ですから、どうしても答えが欲しい読者は、小説の中に答えを探すことを諦《あきら》め、作者そのものに視点を移します。

作者を知ることで、小説の答えを見つけようとするのです。作者の事情を理解して、それを小説の中の答えにしようとします。

それは、人生の中に答えを求めることを諦め、超越した者・神に答えを求める態度と共通すると思います。小説を書いたのは作者であり、人生を描いたのは神だと思われているからです。小説を、そして人生を超越して見ることのできる存在に直接聞けば、答えが分かるだろうと、小説と人生の両方の読者である僕達は考えてしまいがちなのです。

『変身』は、作者・カフカの自伝であるという解釈が、最もポピュラーなものでしょうか。

主人公の名前、ザムザにカフカの自伝であると言うのです。

ザムザが朝から激しい仕事に追われているように、カフカも、『変身』を書いた時は、働き続けていて小説を書くことが困難でした（午前中は役所に、午後は、父親の経営する工場の管理を任されていたそうです。「今日は一字も書かなかった」と日記に何度も書きとめたといいます）。

ザムザは、セールスマンを拒否して自由に生きたいと願い、カフカもまた、天職と考えている文学のために時間をさくことが困難でした。

その焦《あせ》りと絶望が、自分自身を虫にしてしまったのではないか――。

虫は、日々の生活に追われ、本来の自分を生きられないカフカ自身のメタファーである、という解釈です。

ですから、仕事に追われ、自分自身の夢を犠牲にしなければ、ザムザは虫になることはなかったと言えます。

次の解釈は、父親との葛藤《かっとう》です。ザムザも、そしてカフカも、父親との葛藤を抱えていました。ザムザは、父親の投げたリンゴによる傷が原因で死にます。家族は常に父親の味方をします。頼りの妹も、最終的には父親に従うのです。

これは、カフカの父親ヘルマンとの関係を連想させると言います。

父親の前では、自分は虫のようだった。これが、虫になる意味です。虫は、無力な息子のメタファーなのです。

もっと根本的な解釈もあります。虫になったのは、「変身」したのではなく、ザムザ本来の本質が現われただけなのだ、という解釈です。

なんとか、社会的・世間的に折り合いをつけて人間は生きているけれど、ある日突然、本来の自分が顔を出す。それが虫だったんだという解釈です。

「みんな、一生懸命、人間やってるんだ」という言葉があります。

みんな必死で朝起きて、ちゃんとした服を着て、満員電車に揺られながら会社や学校に行く。または、家庭を守る。それは、大変なことで、みんな必死でそういうことのできる人間をやっているんだ。だから、一歩、レールを外れると、人間は簡単に人間ではなくなるんだ。それが虫なんだ、というわけです。

カフカがどんな生活をしていたかとか、自伝的要素とかは関係ないという解釈です。この作品は、人間が人間を続けることがどんなに大変なのかを描いた普遍《ふへんてき》的な作品なんだ、ということです。

マルクス主義的には、賃労働の奴隷《どれい》になっているザムザは、虫そのものである、という解釈になります。

この小説は、過酷な資本主義社会の中で、旅から旅を続けながらセールスを繰り返し、けれど、劣悪な低賃金しか受け取れない一人のセールスマンの本質を暴露したものである、ということです。

低賃金労働によって、ザムザは、自分自身の本質から遠ざかり、まさに人間疎外《そがい》の状況となる。それは、人間ではなく、もはや、虫そのものと言える、となります。

まだまだ解釈はあるでしょう。『変身』という作品は、その解釈の多様性が根本的な魅力だと言えます。

カフカ自身、この作品は、一夜の夢、恐ろしい表象であると言ったり、ここでは普通のことが描かれていると言ったり、テーマは息子たちであると言ったりしているようです。

今回、僕は読み直して、ふと、「この『変身』は、ザムザの望んだことだったのか？　それとも意外なことだったのか？」と考えました。

虫になった、という部分を無視すれば、じつは、これは完璧な「引きこもり小説」になると思ったのです。

働くことが嫌になり、体調の不良を訴えて、二度と外に出なくなった男の話。

『変身』は、簡単にそう読み替えることができます。

ザムザは、引きこもるために、自分から望んで虫になったんじゃないか、そんなふうに考えることができるのです。

この小説の中では、ザムザは、虫になった理由を深く考えていませんし、また同時に、虫になったことを普通に受け入れています。

心配しているのは、仕事に遅れるということの方なのです。

今現在、引きこもっている少年や青年がこの小説を読んだら、ここに書かれていることは、自分のことだと思うのじゃないのかと、僕は感じました。


エンタテインメント作品を書くコツは、キャラクターを明確にすることです。それは、マンガも映画もエンタテインメント系の小説もそうです。

僕もまた、予算規模の大きい映画のシナリオの時は、このことを必ず言われます。主人公のキャラクターをもっと明確にして欲しい。何を求めていて、何に挫折《ざせつ》して、何に野望を持っている人物なのかを、くっきりと描いて欲しい――。

それは、恥ずかしくなるぐらい明確で分かりやすいキャラクターです。

ヒットするマンガの最大の特徴は、キャラクターが明確で変わらないことである、という言い方もあります。キャラクターが成長することはあっても、物語の途中でキャラクターがまったく別人に変わったりすることは、エンタテインメント系のマンガの中では絶対のタブーなのです。

それは、この不条理な人生を生きる僕たちの必死の抵抗だということもよく分かります。せめて、作品の中は条理で溢《あふ》れさせたいという願いです。

それはよく分かりますが、けれど、『変身』のように、不条理な人生そのものを描きながら、それでも、面白い作品も、奇跡的に生まれるんだということも確認したいと思うのです。

それは、不条理な人生そのものへのひとつの抵抗ではないかと感じるからです。『変身』はこれからも解釈を生み続けるでしょう。けれど、『変身』そのものは、何も変わらないのです。

人生にいろんな意味づけをしても、人生そのものは変わらないように、そこにあり続けるのです。

Chapter 10

葉山嘉樹
『セメント樽の中の手紙』

（1926年）

小学生の時、僕は〝文通〟を始めました。その当時、〝文通〟は、一種のブームでした。ここではないどこかで、誰かが待っているような気がしたのです。四国に住んでいた僕は、『小学五年生』という雑誌の「ペンパル募集」という欄《らん》で東京都に住む女の子の名前を見つけました。

彼女を選んだのは、ただ、名前がとても気に入ったという理由と、そしてもちろん、東京都という住所でした。

手紙のやり取りは、一カ月に一回ぐらいでした。なにげない身の回りの日常を綴《つづ》るだけのたわいないものでしたが、文通は、六年も続きました。

中学一年のホームルームの時、仲のいい友達の名前を書きなさいという指示が担任教師から出て、誰の名前も書けなかった僕は文通相手の彼女の名前を書きました。

その時、僕はクラス委員をしていたのですが、後から個人的に教師に呼ばれ、一枚の図を見せられました。それは、誰と誰が仲がいいのかというクラスの相関図でした。生徒の名前と矢印、その先にはまた生徒の名前という、誰と誰が友達で、誰が沢山の矢印を集めているのかが一目で分かるように作図されたものでした。

その中にひとり、ぽつんと誰からの矢印も受けず、誰にも矢印を出してない名前がありました。それが、僕でした。

僕は、その図を見ながら、誰からも矢印を受けないで、それでもクラス委員になっている自分に驚いていました。

ショックではありましたが、深く傷つかなかったのは、東京都に友達がいると思えたからです。

ここにはいなくても、どこかに自分のことを理解してくれる人がいる、と思えることは僕に生きていく勇気をくれました。

もしあの時、彼女と文通していなければ、僕はたぶん、深く傷ついたはずです。そして、担任にどうしてそんな質問をクラス全体にしたのか、そしてどうしてこの図をわざわざ僕に見せたのかと問い詰めて荒れたはずです。

けれど、彼女の存在が僕を救いました。

もちろん、彼女のことはよく知りませんでした。写真もまだ交換してはいませんでしたし、彼女の住んでいる場所も詳しくは分かりませんでした。

ただ彼女の名前はぼんやりとした記号で、彼女の住所はただの憧《あこが》れでした。

だからこそ、僕は彼女を〝救い〟にできたのです。ここではないどこかで、あなたではない誰かが、私を待っていてくれる、と思えたのです。

もしこの時、彼女と彼女の住む街を充分に知っていたら、僕は彼女のイメージを自分に都合のいいように膨《ふく》らませることは、逆にできなかったでしょう。

それは、ちょうど、退屈なパーティーの時、その場にいない誰かに電話やメールをするのと同じ感覚だと思います。その相手がそこにいたとしたら、そんなに話したいと思うだろうか。メールを送るほど何かを感じるだろうか。退屈なパーティーで誰かにメールを送るのは、ただ単に、その人がそこにいないからじゃないのか。

僕は彼女がクラスにいないからこそ、彼女と本当に話したいと熱望したのです。そして、よく知らないからこそ、自分のイメージを勝手にかぶせることができたのです。

文通は、結局、六年目、高校の修学旅行で僕が東京に行った時に直接会って、終わりました。

その終わりは必然でもありました。六年間で、僕の頭の中には、ただイメージだけが大きく膨らみました。それは妄想《もうそう》と言ってもいいレベルでした。

途中、何度も写真を交換しようと僕は提案しました。僕の方から一方的に送ったこともありました。けれど、そのたびに、彼女は撮影に失敗したとか、現像にまだ出してないとかの理由をつけて、送ってきませんでした。

その話を親戚の叔母《おば》さんにぽろりとすると、「ああ、それは彼女は自分の顔に自信がないのよ」と確信に満ちた顔で説明されました。純情な田舎《いなか》の中学生だった僕は「そんなことないよ、撮影に失敗しただけだよ」と必死で言い返しました。

実際に会って話せば、彼女はクラスメイトの女性と変わりませんでした。今から思えば当たり前の話です。普通の出来事を普通に話す、普通の女性でした。

けれど、思春期の夢見る純情少年は、そんな当たり前の人生の真実を受け入れるほどの器《うつわ》も経験もまだなかったのです。

だんだんと文通の間隔は開き始め、やがて、自然消滅しました。

けれど、ここではないどこかで、あなたではない誰かが待っていてくれる、私を理解していてくれる、と思えることが、人をどんなに強くするのかという記憶は強く残りました。

たぶん、その究極の存在が〝神〟なのだろうと容易に想像がつきます。ここではないどこかで、あなたではない誰かが、ずっと待っていてくれる。

その誰かが、決して滅びない存在、直接会っても幻滅《げんめつ》しない存在、普通ではない存在、と考えると、結論は神になるのでしょう。

あの当時、僕はクラスでどんなに無視されても、東京都の彼女のことを思えば、心の中が温かくなりました。その温かさを噛《か》みしめれば、どんな時にも生きて行けると思いました。

それは、つまりは、現実を無視できたということです。どこかで誰かが待っていてくれれば、現実を見ないようになる、現実はどうでもよくなってくるのです。ただし、それが幸福かどうかは別問題です。どこかではないここで、誰かではないあなたとコミュニケイトしないと生きていけない時に、それを無視しながら生きていくことが、本当の幸福かどうかを誰が判断できるのでしょうか。

さて、今回の作品はとても短いものです。この連載で、全文を載《の》せても、まだ僕が何かを言うスペースが充分残されているぐらい短いものです。

原稿用紙にして、十枚ほどでしょうか。

今回、この作品を選んだ理由は三つあります。

一つ目は、その短さです。

この連載では、ずっと「物語」を取り上げています。多くは小説ですが、「物語」

の力をずっと考えています。どうして人は物語に惹《ひ》かれるのか、のめり込むのか、だまされるのか、勇気をもらうのか、現実逃避《とうひ》するのか。

悪魔にも天使にもニートにも引きこもりにもなる力を持った「物語」をなんとか理解したいと、うんうんと唸《うな》りながら連載を続けています。

んで、担当編集者のK女史と打ち合わせをしている時、ふと、「しかし、世の中には単純に小説が嫌いとか読まないとかって人がいますからねえ。なんかこう、『なんだ小説は面白いじゃないか！』って簡単に納得させる作品はないもんでしょうかねえ？」と言われたことがこの作品を選んだきっかけのひとつなのです。

小説嫌い、物語嫌いにその力を納得してもらうためには、まずは短くなくてはダメでしょう。分厚《ぶあつ》くて上下二巻、さらにページを開くと活字は上下二段組、なんて本を「絶対に面白いから読んで！」と差しだしても、本嫌いの人はまず、手にとらないでしょう。

でも、「五分！　五分で読めるよ！　でも、絶対に面白いよ！」という小説・物語があったら、「五分なら読んでみるか」となるでしょう。

この作品は、僕の知っている限り、その短さに反比例した最も強烈なインパクトを持つ作品です。

タイトルを聞いたことはあるでしょうか？

筑摩《ちくま》の（たしか）高校の教科書には長年、この作品が載っていました。僕も、最初の出会いは教科書です。

今もこの作品は載っているのかどうか、分かりません。

昨今の保守化・右傾化の中で、「プロレタリア文学の代表作」と言われているこの作品を載せ続けることは難しいのかもしれません。

そう、この「セメント樽の中の手紙」（葉山嘉樹《はやまよしき》作）は、1926年（大正15年）に発表されたプロレタリア文学の代表作と言われています。

プロレタリア文学をあなたは知っているでしょうが、知らない人のために一応書いておくと、プロレタリア＝労働者階級の生活に根ざし、労働者階級の解放を目指して、労働者階級の自覚に基づいて書かれた作品たちで、日本では大正末期から昭和初期に大ブームになりました。

簡単に言えば、働く人たちを描いて、働く人たちの味方となり、働く人たちに生きる希望と戦う道筋を与える文学ってことです。

『蟹工船』を書いた小林多喜二《こばやしたきじ》の名前は聞いたことがあるでしょうか？　彼と共に葉

山嘉樹もスター作家となりました。

もちろん、日本が戦争に突入する時期、大弾圧によってプロレタリア文学は根絶やしにされました。

そんなジャンルの代表作のひとつなのです。


知らない人のために、粗筋《あらすじ》を紹介します。と言って、短い作品ですから、うかうかしていると、全文掲載になります。じつはそうしたいのですが、そうすると、「あ、鴻上の奴、原稿を書きたくなくて手抜いてるな」と思う読者もいるかもしれないので、全文ではなく〝ほとんど〟紹介します。


主人公は、松戸与三。セメント樽をあけて、中のセメントをミキサーの中に入れるのが仕事です。今日も今日とて、一日十一時間も、同じ作業を続けています。頭の毛と鼻の下はセメントで灰色になっています。が、忙しく、疲れている松戸与三は、指を鼻の穴に持っていく時間もないのです。

作業の終わり頃、ひとつのセメント樽の中から、小さな木の箱が出てきます。彼は、不審に思いながら作業を続けなければいけないので、腹かけのポケットの中に放り込みます。

へとへとになって作業が終わります。楽しみと言えば、一杯飲んで食うことだけです。彼は木曾《きそ》の発電所の工事現場で働いているのです。長屋では、妻と大勢の子どもが待っています。彼は、少ない賃金でどうやってやりくりすればいいのかとぶつぶつ言っています。妻はまた子どもを妊娠しているのです。

彼はふと、小箱のことを思い出します。箱にはなにも書いてないのに、頑丈《がんじょう》に釘《くぎ》づけしてありました。彼は、箱を踏みつけて開けました。中にはボロに包んだ紙切れが出てきました。それにはこう書いてありました。

〈――私はNセメント会社の、セメント袋を縫《ぬ》う女工です。私の恋人は破砕器《クラッシャー》へ石を入れることを仕事にしていました。そして十月の七日の朝、大きな石を入れる時に、その石と一緒に、クラッシャーの中へ嵌《はま》りました。

仲間の人たちは、助け出そうとしましたけれど、水の中へ溺《おぼ》れるように、石の下へ私の恋人は沈んで行きました。そして、石と恋人の体とは砕け合って、赤い細い石になって、ベルトの上へ落ちました。ベルトは粉砕筒《ふんさいとう》へ入って行きました。そこで鋼鉄の弾丸と一緒になって、細《こま》か く細く、はげしい音に呪《のろい》の声を叫びながら、砕かれました。

そうして焼かれて、立派にセメントとなりました。

骨も、肉も、魂も、粉々になりました。私の恋人の一切はセメントになってしまいました。残ったものはこの仕事着のボロ許《ばか》りです。私は恋人を入れる袋を縫っています。

私の恋人はセメントになりました。私はその次の日、この手紙を書いて此《この》樽の中へ、そうっと仕舞い込みました。

あなたは労働者ですか、あなたが労働者だったら、私を可《か》哀相《わいそう》だと思って、お返事下さい。

此樽の中のセメントは何に使われましたでしょうか、私はそれが知りとう御座います。

私の恋人は幾樽のセメントになったでしょうか、そしてどんなに方々へ使われるのでしょうか。あなたは左官屋さんですか、それとも建築屋さんですか。

私は私の恋人が、劇場の廊下になったり、大きな邸宅の塀になったりするのを見るに忍びません。ですけれど、それをどうして私に止めることができましょう！　あなたが、若《も》し労働者だったら、此セメントを、そんな処に使わないで下さい。

いいえ、ようございます、どんな処にでも使って下さい。私の恋人は、どんな処に埋められても、その処々によってきっといい事をします。構いませんわ、あの人は気《きし》象《よう》の確《しっか》りした人でしたから、きっとそれ相当な働きをしますわ。

あの人は優しい、いい人でしたわ。そして確りした男らしい人でしたわ。未だ若うございました。二十六になった許《ばか》りでした。あの人はどんなに私を可愛がって呉《く》れたか知れませんでした。それだのに、私はあの人に経帷布《きょうかたびら》を着せる代りに、セメント袋を着せているのですわ！　あの人は棺に入らないで回転窯《がま》の中へ入ってしまいましたわ。

私はどうして、あの人を送って行きましょう。あの人は西へも東へも、遠くにも近くにも葬られているのですもの。

あなたが、若し労働者だったら、私にお返事を下さいね。その代り、私の恋人の着ていた仕事着の裂《きれ》を、あなたに上げます。この手紙を包んであるのがそうなのですよ。この裂には石の粉と、あの人の汗とが浸《し》み込んでいるのですよ。あの人が、この裂の仕事着で、どんなに固く私を抱いて呉れたことでしょう。

お願いですからね、此セメントを使った月日と、それから委《くわ》しい所書と、どんな場所へ使ったかと、それにあなたのお名前も、御迷惑でなかったら、是非々々お知らせ下さいね。あなたも御用心なさいませ。さようなら。〉

……この手紙を読み終わった時、松戸与三は、子どもたちの湧きかえるような騒ぎで現実に引き戻されます。

最後の5行はこうです。

〈彼は手紙の終りにある住所と名前とを見ながら、茶碗に注いであった酒をぐっと一息に呷《あお》った。

「へべれけに酔っ払いてえなあ。そうして何もかも打《ぶ》ち壊して見てえなあ」と怒鳴った。

「へべれけになって暴れられて堪《たま》るもんですか、子供たちをどうします」

細君がそう云《い》った。

彼は、細君の大きな腹の中に七人目の子供を見た。〉

……どうですか？　完全に全文を読みたい方は、インターネットでサーチして下さい。『青空文庫』という、著作権が切れた作品を一堂に公開してくれている有名サイトで簡単に読むことができます。

さて、今回、この作品を紹介しようと決めた二番目の理由です。

プロレタリア文学の代表作だと紹介しました。じつは、このジャンルは現在ではほとんど読む人はいません。プロレタリア文学とレッテルが貼《は》られただけで、過去の遺物とみなされ、本は出版されないし、読者は退《ひ》きます（08年、『蟹工船』のブームが起きましたが、それ以降、プロレタリア文学が盛り上がっている様子はないようです）。

けれど、あなたは、これが労働者階級のためだけに書かれたプロレタリア文学作品だと感じましたか？

僕はこの作品は、とびきりの恋愛小説だと感じます。だって切ないじゃないですか。彼女のことを思うだけで胸が詰まってきます。そして、ミステリー小説だとも思います。だってわくわくするじゃないですか。小箱の中に詰まったドラマが徐々に開かれていく感覚。そして、ホラー小説だとも確信するのです。だって怖いじゃないですか。人間のセメントなんですよ！

つまりは、この作品はプロレタリア文学作品ではなく、小説そのものなのです。ジャンル分けなんて無意味なのです。

ＳＦだのライトノベルだの純文学だのミステリーだのロマンスだのエンタテインメントだのジュブナイルだの、マスコミと本屋さんは、読者のことを考えていろいろとジャンル分けをしてくれますが、それが却《かえ》って僕たちを物語から遠ざけることがあるんだということを知ってほしい。

それが、この作品を選んだ二つ目の理由です。それは、僕の自戒《じかい》でもあります。つい、帯の文句《もんく》や本屋さんの棚で作品を選んではいないのか。そうやって、自分が好きなジャンルだけを予定調和のように選びながら、「ハッとする物語になかなか出会わない」なんていう勝手な文句を言ってないのか。

ちなみに、小林多喜二の『党生活者』は、ミステリー小説であり苦い恋愛小説でありとびきりのサスペンス小説であり純文学です。僕は『蟹工船』より、こっちを強くお薦めします。

そして三つ目の理由は――。「ここではないどこかで、あなたではない誰か」はたぶんいない。でも、いないと思っても、いて欲しいと思う自分がいる。神を信じることはできないのだけれど、誰かがいてくれれば、少しは生きていく力を感じることができる。

それが、小説なのではないかということです。

高校生で初めてこの作品を読んだ時は、僕はただただ、この恋人を失った女工に感情移入しました。そして、どこかにこんなに悲しんでいる人がいるかもしれないと夢想しました。その人からの手紙がある日、届くかもしれない。それは、風船についているのか、漂流するビンの中なのか、差出人のない手紙なのか、とにかく、どこかに、悲しみ、伝えようとしている人がいる。そう思うだけで、僕は現実を飛び越えて、生きていく力を感じました。

今回、読み直せば、最後の会話が胸に突き刺さります。「へべれけに酔っ払いてえなあ。そうして何もかも打ち壊して見てえなあ」「へべれけになって暴れられて堪るもんですか、子供たちをどうします」

この作品が人生の真実を描いて、ジャンルをはっきりと超えた瞬間です。

それでも、人は、「ここではないどこかで、あなたではない誰か」のことを夢想する。現実が悲惨《ひさん》でつまらなくて退屈でどうしようもない時、神を信じられない人は、物語を夢想する。目の前の現実を飛び越えて、どこかで誰かが待っていると夢想する。

そうすることで、目の前の現実を生きていく力を得ることができる。

「ここではないどこかで、あなたではない誰か」のことを描くのが物語の根本の魅力のひとつなのです。

この作品は、物語の持つ魅力と効果を端的に描いた作品ではないのか。それが、この作品を取り上げた三つ目の理由なのです。

Chapter 11

ジョン・アーヴィング
『ガープの世界』

（1978年）

どんなに話題のない相手でも、ディズニーランドに行けば、とりあえずなんとかなると気づいたのは、ずいぶん昔のことです。

じつはお互い、合わないいんじゃないかと思っているとか、どちらかが別れようと思っているとか、話がつまらなくて相手に退屈《たいくつ》しているとか、そんなカップルでも、ディズニーランドは魔法のように二人に会話を提供します。いえ、会話がなくても、会話がないことを意識しないようにさせてくれます。

つまらない遊園地だと、こうはいきません。二人の会話の不在をありありと意識させてしまうような、退屈なお化け屋敷やスリル不足の乗り物が、油断しているとカップルを襲うのです。

まして動物園だと、もっと状況ははっきりします。大の大人がいい年して、ライオンさんやゾウさんを相手に「わあー!」だの「なが~い!」だの言ってる場合じゃないですから、そこには、当然、二人のちゃんとした会話が必要になります。

ですから、相手とうまく行くかどうか知りたければ、動物園に一緒に行けばいいいんだとある時、気づきました。

動物園を一日、楽しく過ごせるカップルは、話題も豊富で、自然に楽しめる、相《あい》性《しょう》のいい二人なのです。

相性に自信がなかったり、まだまだお互いに打ちとけてなかったり、圧倒的に話し下手で話題が貧弱だったりする場合は、ディズニーランドが神様です。

と、書きながら、ある時、手ひどいしっぺ返しを食らったことがありました。夏休みシーズンの日曜なんて日に、まだお互いをよく知らず、話すことも慣れていない相手とディズニーランドに行ってしまったのです。

その時期は、どのアトラクションも、最低待ち時間百二十分なんてことになっています。全部がそうなので、とにかく並ぶしかないのです。でね、毎回ただじっと百二十分待っていると、話すことなんてとっくになくなり、その膨大《ぼうだい》な空白の時間を前に、ただただ、途方に暮れるしかなくなるのです。そして、沈黙はどんどんと重くなり、話題を探そうとする焦《あせ》りはますます深刻になり、どうしていいか分からなくなります。

なまじ、カップル、つまり二人っきりだからよけいに思うのです。仲の悪いメンバーでも三人以上いれば、気づまりも少しは弱まるはずなのです。が、目の前に沈黙している あなたがいて、ここに困っている僕がいて、二人の間には、ただ〝退屈〟が鎮《ちん》座《ざ》している。

まだ動物園なら、ずーっと動かなかったトラがちょっとだけ顔を上げたりして、「あ、トラさんが……」ぐらいの会話はできます。

が、百二十分行列に並んで待っている間は、ただ、人が周りにいるだけなのです。相手を無視《むし》してスマホに熱中するわけにもいかず、この所在無さと退屈は、本当に拷問《ごうもん》のような重圧なのです。

毎日の生活の中で退屈した時、あなたは何をしますか？　もし、あなたの人生からテレビやネットや映画や小説や演劇が消えたらどうですか？　その代わりに、あなたは何で退屈をあなたの人生から追い出しますか？

スマホもなくなった時、あなたは何をして退屈から逃げ続けますか？

あなたは日常に退屈していませんか？　生活には退屈していませんか？　そして、人生に退屈していませんか？

今回の作品『ガープの世界』の主人公ガープは、夜、ベッドで息子のウォルトにお話を聞かせます。作家であるガープが作った話です。

その時、ガープはこう思います。

「話をするたびに、ガープには責任感が重くのしかかってくる。なにかが『どうなる』かをつねに期待する人間の本性とは、いかなるものなのであろうか？　人間についてにしろ、犬についてにしろ、なにかの話をはじめた途端《とたん》、人間か犬がどうかならないと気がすまない。『つづけてよ！』とウォルトが焦《じ》れったそうにいう。ガープは自分の芸術のほうに頭がいってしまって、ときどき聞き手のことを忘れてしまうことがある」

こんなエピソードもあります。

ガープの小説を出版している会社の担当編集者のジョン・ウルフは、ある本を出版すべきかどうか迷った時は、掃除婦《そうじふ》のジルシーに原稿を渡すことに決めています。彼女は「本なんてどれも、読みはじめるとたんに睡《ねむ》くなってしまう」とジョンに言ったのです。だからこそ、彼女が読み続けられた本は、間違いなく他のすべての人間が読むことができる本だとジョンは考えたのです。

彼女は、ガープの新作『ベンセンヘイバーの世界』を渡されました。

結果は、彼女は、本をまったく気に入らないのに、最後まで読んだとジョンに言います。

「大嫌いなのに、どうして読んでしまったのかね、ジルシー?」とジョンは聞きます。

「ほかの本を読むのと理由は同じさ——次がどうなるか、知りたいからだよ」ジルシーは続けます。

「たいがいの本ってのは、次がどうなるもなにも、なんの事件もないもんね。たまげたね、おまえさんだって、それくらいは知ってるだろ。かと思うと、次がどうなるか、分かっちまってて、最初から読む必要もない本もあるもんね。でもよ、この本は、こいつだけは、やたら変わってるから、なにかが起こるってことは分かってんだけど、なにが起こるか、読んでみなくちゃ分からんのさ。この本に書いてるようなことを考え出す人間ってのは、よっぽど頭がどっかおかしいんだよ」

「すると、きみは次がどうなるか知りたくて本を読むわけだね?」

「ほかに本を読む理由なんて、ないのとちがうっけ?」

掃除婦のジルシーは、あっけらかんとそう断言するのです。

退屈だから本を読まない。だから、退屈じゃない本は読む。

実際、この時、ジルシーはこの本にはまって、「おったまげた! こんなひどい週末、はじめてだよ。眠れないし、食事はとれないし、家族や友だちに会いにお墓にいく暇《ひま》もありゃしない」という状態になるのです。

この世の中から、テレビと映画と小説と演劇とスマホがなくなったら、あなたはどうするでしょうか？

友達と会って酒を飲み、美味《おい》しい料理を食べるでしょうか。

その時、あなたは誰かの噂話《うわさばなし》をするか、誰かのエピソードを語るか、どこか遠い国の話をするか。あなたは、あなたの人生を意味づけるためでもなく、あなたの存在を明確にするためでもなく、ただあなたのひりひりとした退屈を紛《まぎ》らわし、退屈から遠ざかるために〝物語〟を創り、話し、聞くのです。

以前、この連載で究極の物語は、宗教であり、それは、自分の人生を意味づけることであり、つまりは、死を意味あるものにすることである、と書きました。

物語の究極の意味は、自分の死を意味づけることです。

それが、物語のもっとも抽象的《ちゆうしようてき》で高級な仕事だとすれば、もっとも現実的で下世話《げせわ》な仕事は、あなたの、そして僕の退屈を忘れさせてくれることなのです。

退屈からすべての余計なことが起こると言っても間違いじゃないでしょう。

退屈しのぎに始まる恋、なんてのを僕たちは普通に目にします。本当に恋愛感情が盛り上がったから交際を始めたのではなく、お互いが退屈だったから始まった恋です。それは、人間にとって普通のことです。

退屈だから相手を刺《さ》した、ということだってあるでしょう。退屈すぎて生きているのか死んでいるのか分からなくなったから、自分の感情が爆発することを選んでしまった、ということも普通にあると思います。

自分の目標が自分に退屈だった、なんてこともあるでしょう。自分の描く人生の理想像が自分には退屈だった時、人生は訳が分からなくなります。自分はなんのために我慢《がまん》したり、努力してるんだ、ってことになるのです。

パソコンが普及して、家庭内暴力が減ったと僕は思っています。引きこもれるのも、インターネットがあって退屈しないからです。

けれど、残念ながら人間は賢《かしこ》いので、同じことをしていては必ず退屈します。ネットサーフィンだけで満足していた人は、やがて何かを書き込まないと退屈するようになり、やがて過激な言葉を書き込んで反応を見ないと満足しなくなるのです。

それにも退屈した時、スマホを見つめる人間はどうするのでしょうか。

格差社会になって、ワーキングプアが増え、年収二百万円から三百万円の階層がどんどんと増えていくこれからの時代は、「自分の退屈とどう向き合い、どう撃退するか？」がますます重要な時代になるんじゃないかと思います。

バブルの時代、人は退屈する自分を追い立てるように次から次へとマスコミが提供する刺激《しげき》に走りました。それは、とてもお金のかかることでした。

不況になってそんなにお金が使えなくなった時、いままでの文法ではもう、退屈は追い出せなくなるでしょう。

マスコミが用意する新製品を買い続ける余裕も、変わり続ける流行を追い続ける資金もなくなりました。

そういう時、どんな物語にはまって、「自分が無意味であること」を忘れるか、ということが課題となるのです。

さて、以前、この連載で、一時期、後輩の若者に『アルジャーノンに花束を』を薦《すす》めていたと書きました。

じつは、もう一作、必ず薦めていた作品がありました。

それがこの『ガープの世界』です。

ただし、小説の『ガープの世界』ではなく、それを原作とした映画版の『ガープの世界』です。

小説版は、文庫本で上下巻合わせて1000ページもある大作で、本を読む習慣のない人なら、たぶん、死ぬまでに読み切ることは不可能だろうというボリュームのものです。

が、映画は百三十七分。二時間ちょっとで、ジョン・アーヴィングの物語世界を味わうことができるのです。

僕もこの映画に出会わなければ、ジョン・アーヴィングの長編小説を読もうという気にはならなかったでしょう。

いえ、正直にいえば、今回、初めて『ガープの世界』の小説版、いえ小説を読みました。読みましたが、「映画の方がいいんだよなあ」というのが正直な感想です。

これは、『ガープの世界』にはまった後輩に続けて紹介している、同じくアーヴィングの作品『ホテル・ニューハンプシャー』でも同じです。

こっちは、その昔、映画に感激してすぐに小説を読みました。が、思ったことは、「もちろん、小説も素晴らしいんだけど、やっぱり、映画の方がいいんだよなあ」ということです。

勝手なことをいえば、『フィールド・オブ・ドリームス』とか『ショーシャンクの空に』とか『カッコーの巣の上で』とかの映画に感動した人は、間違いなく二作ともはまると思います。

『ガープの世界』は、まず始まりが刺激的です。

子どもは欲しい、でも結婚はしたくない、欲望に振り回される人間は愚《おろ》かだと思う看護婦ジェニーは、戦場で傷ついた全身包帯だらけの軍人が、いつも勃起《ぼっき》しているのに気づいて、ある晩、精子をもらうために、「欲望なし」でまたがります。

これが、この本の主人公ガープの出生の秘密です。

母親は、このことを隠そうとしません。彼女は、名門校に学校看護婦として住み込みで働き始め、ガープもまたこの学校で学ぶことになります。

彼女は、有能な看護婦として働きながら、いろんな授業を聴講します。それは、ガープが入学した時、どの授業は退屈でどの授業は素敵《すてき》かを、的確にガープに教えるためでした。

やがてガープはレスリングに夢中になり、コーチの娘、ヘレンと出会います。ヘレンは「結婚するなら、作家」というので、ガープは作家になる決心をするのです。

小説だと、高校を出たあと、ガープと母親ジェニーは、ウィーンに行きます。そこで、母親は、街角に立つ娼婦《しょうふ》と初めて会話します。男の欲望をどう思うのか？　あなたは欲情するのか？

映画版だと、これがニューヨークのエピソードになっています。

そしてジェニーは、自伝『性の容疑者』を書き上げます。

「この心の汚れた世界においては、だれもがだれかの妻かだれかの情婦になり――あるいはそのどちらかになろうと躍起《やっき》になっている」という書き出しです。

この本は大ベストセラーになり、六カ国語に翻訳され、有名な女性運動家に祭り上げられます。彼女の周りには、傷ついた女性たちが集まるようになるのです。

この母親ジェニー役のグレン・クローズがいいのです。抜群にいいです。小説『ガープの世界』は、発売と同時に、アメリカでは大ベストセラーになりました。日本でも、もちろん、かなり売れました。

映画化された時、このジェニーはイメージそっくりだという称賛の声が殺到したといいます。厳しくて優しくて、女性の立場を憂《うれ》いながら、魅力的な女優です。僕はこの作品でグレン・クローズを知り、そのあと、『危険な情事』を見ていて、「うわー、この女優、嫌な女だなあ。一回関係しただけで、こんなに追い回すなよ。怖い顔だね。しかし……どっかで見たことあるよね。誰だっけね……あれ、ガープの母親役のグレン・クローズじゃないか‼」と映画館で気づいた時は、「えー‼」という大声を思わず上げて、周りの観客は驚いて椅子《いす》から五センチは飛び上がりました。それぐらい、完璧に別人を演じていました。その演技力に感動したのです（ちなみに、もう一本『危険な関係』という映画のグレン・クローズもすごいです。僕はいつも、この三本を俳優志望者に薦めます。「演技とはこういうことだ」と言いながら）。

もう一人、アカデミー助演男優賞にノミネートされたのが、この母親の周りに集まった女性のうちの一人、性転換した巨漢の元フットボール選手を演じたジョン・リスゴーです。舞台俳優だった彼は、これが本格的な映画デビューだそうです。彼もまた、小説のイメージ通り、いや、それ以上と絶賛されました。僕は先に映画を見ましたから、小説を読んでも、彼のイメージがずっと頭から離れませんでした。それが、決して邪魔《じゃま》にならず、それどころか逆に小説世界をますます面白くしていると感じるのです。

この作品に僕が退屈しなかったのは、次々と起こる出来事が、間違いなくこの世界を描いていると感じたからです。

母親の周りに集まる女性たちの中に、まったくしゃべれない集団がありました。ガープが話しかけても、「Hi」と紙に書いて渡すだけなのです。なんだろうと思っていると、ジェニーが説明します。十一歳の女性エレン・ジェイムズが強姦《ごうかん》され、舌《した》を切られた事件に抗議して、自らの舌を切り取った女性たちの集団だというのです。「エレン・ジェイムズ党員」だと彼女たちは名乗ります。ガープは、なんでそんなことを、それはあまりに極端な、と驚き悲しみますが、エレン・ジェイムズ党員たちは、無視するのです。

優しい顔をしたグレン・クローズ演じるジェニーの家は、海に面した小高い丘に建つ、白くて大きな洋館です。ここに、ジェニーを慕《した》って、各地から傷ついた女性たちが集まります。真っ青な空を背景に、彼女たちが海からの風に吹かれ、遠くを見つめている絵は、圧倒的に美しい。

小説を映画化して、「イメージと違う」とか「イメージが壊れた」という声をよく聞きますが、この作品は、奇跡的な成功例だと僕は思います（といいながら、先に映画を見てしまったので、これが僕にとっての『ガープの世界』なんですけどね。でも、僕が作家本人だとしても、この映画を見て、怒りだすことは絶対にないと思います）。

さて、ガープは自分で舌を切るエレン・ジェイムズ党員の運動を行き過ぎだと思います。

小説は、ここから、このジェニーの家に、そのエレン・ジェイムズ本人がやって来ます。そして、もう運動はやめて欲しいと党員たちに訴えるのです。

映画版では、エレン・ジェイムズとは連絡が取れない状態になっています。ただ「もう運動はやめて欲しい」というメッセージだけが届くのです。

そして、それでも運動をやめない党員たちに対して、ガープは本を書きます。小説では、まずエレンが書いて、そのあとにガープが書きます。

そして、映画版では、（ネタバレになりますから詳しくは書きませんが）ある劇的な状況で、エレン・ジェイムズとガープは出会うのです。

これはもう、申し訳ないですが、圧倒的に映画版の方が「次になにが起こるか？」という期待に応えています。

脚本家の勝利です。

このエレン・ジェイムズとその党員を出すことが、僕は「間違いなくこの世界を描いている」と感動するのです。この現代を、このバカバカしくも残酷《ざんこく》でいとおしくろくでもない世界をちゃんと描写していると感じるのです。

感じながら、それでも、この作品の印象は不思議とハッピーなのです。ハッピーエンドではないのに、受け取る印象は、ハッピーなのです。僕は映画の最後に泣きました。哀しくて泣きましたが、でも幸福でした。

それは、この世界はこんなにも残酷で、けれど人間ははっきりと生きる意志と幸福になろうとする願いを持っている。この世界は、ろくでもないけれど素敵な世界なんだ、この世界で生きていくしかないんだ、と納得したからです。

こういう作品に接すると、僕の退屈は僕の人生から消えていきます。テレビのバラエティーやネットの動画は、その瞬間は僕を退屈から救ってくれますが、スイッチを切った時、退屈が倍加して僕を襲うのです。

でも、こういう作品は、エンドロールを見ている時（映画ですから）、いとおしくもバカバカしいこのろくでもない世界を生きていこうと思える勇気がわいてくるのを感じるのです。

本を閉じた時、この小説を読むのに使った何時間かの思い出が、もう一度蘇《よみがえ》り、それを反芻《はんすう》し、自分以外の人生を生きたような感覚に、僕の退屈は消え、生きていこうとするエネルギーが体内に満ちてくるのです。

Chapter 12

村上春樹
『羊をめぐる冒険』

（1982年）

僕は二十二歳で劇団を作りました。演出家であり、主宰者《しゅさいしゃ》でしたから、いきなり〝責任〟というものを抱《かか》え込みました。大学のサークルでしたので、もちろん、就職までの「健全で楽しい活動」と考えている人もいました。が、はっきりとプロの俳優になるための「人生を賭《か》けた真剣勝負」と思っている人もいました。全員が就職までの「腰掛け」であれば、それはたぶん、気軽な同好会のように、楽しく、けれど、それなりの苦労もありながら、青春の一ページとして終わっていたでしょう。

が、一人でも人生を賭けて、プロになりたいと思っているメンバーがいる限り、劇団は、ただのノンキな集団ではなくなりました。

もちろん、僕自身も人生を賭けた挑戦のつもりでした。問題は、演劇は集団作業だということです。僕一人が、青雲の志を懐《いだ》いて、プロを目指すだけでは不十分でした。プロになろうという意志を持った複数の人間たち、つまり集団が必要だったのです。

だんだんに分かってきたことは、それぞれが同じ〝強度〟で、プロになる決意をしているわけではないということでした。はっきりと自覚している人間もいれば、なんとなくプロに憧《あこが》れている人間や、ただ無自覚に後をついて来ているだけの人間もいました。

そういう集団では、誰かがはっきりと責任を持たないかぎり、プロに挑戦さえできないのです。

僕は、二十二歳で、他人の人生を背負うという責任を負いました。大学を中退し、就職を取りやめ、故郷の親の反対を無視する劇団員たちの総責任者になったのです。

自分から負った所もあれば、強引に負わされた所もありました。

真剣に考えていたら、たぶん、精神はもたなかっただろうと思います。生来《せいらい》、僕はノンキで、楽しいうちは物事を深くは考えませんでした。

楽しいことをしているうちは、人間は物事の意味や理由を深くは考えないんだ、という文章がありました。深く考え出すのは、それがつまらなく、苦痛で、重荷になってきた時からだ、というのです。

劇団の主宰者とは責任を負うものだ、と頭から決めていた、ということもありました。ただ、公演を続けるうちに、劇団員の親御さんが公演を見に来るようになって、「息子（娘）をよろしくお願いします」と初めて言われた時には、心の中がきしみました。その時、僕はまだ二十五歳になっていませんでした。

旅公演に初めて出て、劇団員たちがホテルで〝部屋飲み〟というものをして酔っぱらい、大声を出し、隣の部屋の宿泊客から怒鳴られ、それに対して、さらに酔っぱらった大声で文句を言いながら廊下《ろうか》を歩いているのをドア越しに自分の部屋で聞いた時には、「ああ、責任を自覚しないってことは、なんて素敵なことなんだ」と心底《しんそこ》思いました。

もうすぐ、劇団の制作の人間の部屋にフロントから電話がかかり、やがて、僕の部屋にもかかり、どちらかが謝り、このホテルにはもう泊まれなくなるかもしれず、でもそういう〝社会的〟なことをいっさい無視して、劇団員たちは叫んでいる。

いつのまにか、責任をきっぱりと負う側と、責任をぼんやりとしか自覚しない側に分かれ始めていました。

それはしょうがないことかもしれないとも思いました。集団で道を歩き始めれば、必ず、先頭と最後尾ができます。やがてそれは、信号や通行人に分断され、ひとつの集団とはいえないものになっていきます。より責任を自覚したものが先頭に集まり、比較的責任感のうすい者はどんどんと遅れる。もし、軍隊のようにピシッと二列の集団が崩れないまま歩き続けられたら、その方がおかしいんじゃないかと思います。

劇団以外の仕事をした時、遅れる俳優たちに向かって、まるで子どものように叱り続ける制作の人に会ったこともありました。そういう人は、相手がちゃんと歩くことを初めから期待していませんでした。この人たちは、人の話を聞かない。ちゃんと歩かない。だらだらと自分の好きなように歩く。だから、とにかく、叫び続けなければいけない。そう決めているようでした。相手を「子ども」と決めつけて、相手を「子ども扱い」して、なおかつ、いつも、この人たちは「子どもだ」とグチっていました。

社会的な責任を取ることと、子どもではないことは、微妙《びみょう》に違うような気が僕はしました。社会的な責任を取らないためには、子どものように振る舞うより、とにかく責任から逃げ続けることが、一番、有効な手段だと思いました。

なにか発言をしても、その最後に軽く笑ったり、「とか言って」と茶化《ちゃか》したり、語尾を半分高くして半疑問にしたりすることは、子どもとして振る舞うことではなく、社会的な責任から逃げる方法でした。

そして、社会的な責任から逃げることは、とても甘美《かんび》なことだと、責任を背負い続けながら僕は思いました。

劇団の中で、誰かが誰かを嫌いになったり、誰かが誰かを怒ったりした時、なぜそれが起こったのかと、当事者双方から話を聞いても、その原因は分かりませんでした。双方は、双方の物語を自分の語りたいように語りました。

それが集団の中でどういう意味があるのか、ということではなく、自分がどう感じたのか、自分はどう思ったのか、を一人ひとりは語りました。

なぜ、今度の作品に出たくないのか。なぜ、おれはあいつを嫌いなのか。なぜ、あの人との恋愛は終わったのか。そこには、当事者の数だけの物語があって、さらに目撃者の物語があって、さらに関係者の物語、友人の物語、劇団員の物語がありました。溢《あふ》れる物語は、けれど、あまり説得力を感じませんでした。僕は集団をまとめるために、いつもとりあえずの物語を選びました。それは、たぶん、一番、一般的で説得力のある物語でした。それは社会的な物語と言ってもいいと思います。

社会的な責任を背負うとは、社会が設定した物語の枠組みに、とりあえず従ったふりをすることだと感じました。

それぞれの物語から、とりあえず、多くの人間が納得する物語に移行すること。それは各人が抱えている物語から、真実を探し出そうとすることとは別の行為でした。

どんなに楽しくても、ホテルの部屋では大声を出さないこと。別れた相手との共演がどんなにつらくても、個人的事情を押し殺すこと。

それはつまり、「大人になること」と一般的に言われていることなのでしょう。けれど、誰が好き好んで「大人になる」のでしょうか。もし、「大人になる」人がいるとすれば、それは、嫌々、しょうがなく選択されることではないのか。

蓮實重彦《はすみしげひこ》という人が書いた『小説から遠く離れて』という本が1989年に出た時、僕および僕の友人たちは興奮しました。

それは、1980年前後に書かれたいくつかの代表的な小説、井上ひさし『吉里吉里人』、中上健次『枯木灘』、丸谷才一『裏声で歌へ君が代』、村上龍『コインロッカー・ベイビーズ』、そして村上春樹『羊をめぐる冒険』などが、見かけは違っても、「他人から依頼された『宝探し』」という同じ構図を持っていると指摘した評論だったのです。

どの作品も、主人公は〝なんらかのもの〟を求めて旅に、行動に、出る。しかも、その〝なにか〟は、自分が求めたのではなく、他人からそれを求めるように依頼されたものなのだ――。

同じ構造を持つ小説が、これだけ話題になったということは、人々はこの構造を好んで受け入れたということであり、同時に、書き手も無意識にこの構造に強い関心を持っていることなんだと、僕たちは興奮しました。

それは、頭では分かっても、実感としてはピンとこなかった、フランス直輸入型の構造主義のひとつの模範解答のように感じました。交差いとこ婚と平行いとこ婚の構造に実感を持てなかった僕たちは、けれど、この構造には感動しました。

それは、「他人から依頼された『宝探し』」という感覚に、自分自身も深く納得できる部分があったからです。

自分が「これだ!」と叫んで激しく求め、旅に出るような宝は存在しない。が、それではずっと立ち止まることになってしまう。立ち止まる人生は嫌だ。けれど、他人から依頼された場合は、じつは、自分から求めるよりも宝探しをする強い動機が生まれる。いや、もっとはっきり言えば、自分自身の中には動機はない。ただ、他人が私の動機を作ってくれる。私は動機を待っている。動機をくれる他人を待っている——。

村上春樹氏の初期の代表作『羊をめぐる冒険』は、鼠《ねずみ》という名前の親友の、一枚の写真をなるべく人目につくような所に発表してほしいという奇妙《きみよう》な依頼が、冒険の始まりです。その写真を見た右翼の大物の使いが、その写真に写った背中に星形の模様のある羊を見つけるようにと主人公の「僕」に言うのです。

そして、「僕」は旅に出るのです。耳の形がとてもセクシーな女の子と一緒に北海道へ。

何かをはっきりと欲望することは、僕たちを社会と向きあわせます。自らの意志を持って、何かを求めれば、それが簡単に手に入らない限り、社会とぶつかることになるのです。

子どもの頃は、親が簡単にそれを手渡してくれました。もしくは、絶対にダメと、求めることを諦《あきら》めるように教えてくれました。

が、親が守ってくれることが不自然な年齢になった時、本当に何かを欲すれば、社会と交渉せざるをえなくなります。そうやって人は社会化して、大人になるんだと言えます。

だから、大人になりたくなければ、自分からは欲望しなければいいのです。自分の意志ではなく、他人の意志で生きていけば、大人にならなくてすむのです。

集団行動をしている時、普通に「トイレに行っていい？」と聞く人達がいます。友達の家に行った時は、「トイレ、使っていい?」と尋ねます。それは、礼儀ではなく、「トイレに行く」と自己主張しない生き方だと思います。自分の意志ではなく、他人の許可をもらう生き方。それは、責任を最終的に取らない生き方です。それは、甘美な生き方だと思います。

『謎とき　村上春樹』(石原千秋　光文社新書)という刺激的《しげきてき》な評論は、『羊をめぐる冒険』は、じつは、「名前をめぐる冒険」だと分析します。

主人公の「僕」はとにかく、名前から逃げ続けている。名前をつけられること、名前をつけること、名前を口にすることから逃げている。いや、この小説の登場人物の誰もが、固有の名前を持つことを拒否《きょひ》している。

「僕」は、飼っている猫に名前をつけてはいないし、親友は「鼠」という呼び方だけだし、この作品には、固有の名前はどこにも出てこない。

じつは、名前を持つということは、社会的存在になるということです。

神様と電話で話すという、右翼の大物の所で働く運転手は言います。

「つまり街やら公園やら通りやら駅やら野球場やら映画館やらにはみんな名前がついてますね。彼らは地上に固定された代償《だいしょう》として名前を与えられたのです」

それは人間も同じです。この社会に固定される代償として名前を名乗り、そして、社会化されるのです。

村上春樹の小説に登場する人たちは、みんな、諦めていると言われます。みんな、「やれやれ」と言いながら、受け身で、人生の意味のなさを嘆《なげ》いているのです。

僕は、デビュー作の『風の歌を聴け』も、『1973年のピンボール』も、じつはピンと来ませんでした。それは、二十二歳から引き受けた劇団という責任の前で、「やれやれ」と言いながら、淡々と女の子とセックスをするような、高踏的《こうとうてき》な余裕がなかったからです。

が、この『羊をめぐる冒険』を読んだ時、「ああ、この作者は、とうとう大人になることを決めたんだ」と思いました。自分が、大人になることを引き受け、そんなことを引き受けたくはないのに、けれど、生きていく以上、引き受けなければいけない時が来て、そして、それを決心したんだと思いました。

この本は自分の青春を終わらせた宣言の本なんだと、直感的に二十代の僕は思いました。

「大人になること」の反対語は、「若くして死を選ぶこと」です。少なくとも、二十代の真ん中ぐらいまでに死ぬこと。

理由なんかないのです。ただ、ずいぶん生きてきて、もういいかげん、いいんじゃないかと思って死ぬのです。「大人になること」の怯《おび》えから死ぬのかもしれません。「大人になること」は、たぶん、汚《きたな》くてハードで美意識を揺さぶられることだと予感するのです。

とても、「やれやれ」と言いながら、「僕はなにも分かってはいない」なんてつぶやいて、ビールを飲んでお店の片隅でジャズを聞くような世界ではないのです。自分が汚れていくことに平気な若者が、世界のどこにいるでしょうか。

けれど、『羊をめぐる冒険』の主人公「僕」は、いろんな人から何回も「あなたはなにも分かっちゃいない」と言われながら、旅を続け、そして、鼠と再会し、やがて、名前を受け入れることを宣言するのです。

旅を終えた後、いきつけだったバーに行き、マスターのジェイに主人公は、旅の結果手に入れた小切手を差し出し、店の借金をこれで返して欲しいと言います。あまりに多い額に、お釣りがくるよと言うマスターに、

「どうだろう、そのぶんで僕と鼠をここの共同経営者にしてくれないかな？　配当も利子もいらない。ただ名前だけでいいんだよ」

主人公は、名前を受け入れることを決意するのです。

『謎とき　村上春樹』には、『風の歌を聴け』の分析も載《の》っています。この分析が、ちょっと目からウロコが落ちる解釈です。

それは、平野芳信氏と斎藤美奈子氏の功績なのですが、この著者の石原千秋氏もその「発見」に則《のっと》って分析をしています。それは、一度知ってしまうと、『風の歌を聴け』を、そういう風にしか読めなくなるぐらいの衝撃的な分析なのですが、逆に、作品からほのかに立ち上る匂《にお》いをちゃんと分析した解釈ともいえるのです。

それは、作品に満ちている「自殺」の匂いです。主人公に関係のある誰かが、いえ、主人公が愛した人が先に死んでいて、主人公の「僕」は、そのことに激しく困惑していて、一歩間違うと、続いて死ぬかもしれない強い誘惑にいつも惹《ひ》かれている――。

それは、ずっと村上春樹文学を貫《つらぬ》く匂いでした。

少なくとも、僕が二十代の頃、村上春樹文学に惹かれたのは、エピソードの下をごうごうと流れる絶望と虚無《きょむ》、そして死の誘惑の匂いからでした。

けれど、それはあくまで匂いであって、はっきりとした描写ではありませんでした。ですから、それは、お前の一方的な解釈だと言われれば、それまでです。

『謎とき　村上春樹』にはこんな文章があります。

「言いたいことをそのまま書くのだったら評論家になればいい。人はなぜ小説家になるのかといえば、言いたいことを隠すために小説家になるのである」

「まさにこの『手記』は一番言いたいことを隠している。つまり、『僕』は春休みに彼女に自殺されたことをすごく後悔《こうかい》している、これはそのことを隠すために書かれた『手記』だと言える」

そして、こう結論されます。

「書くべき物語が隠されること、それはその物語が神話化することにほかならない。なぜなら、書くべき物語は隠されたのであって、抹殺されたわけではないからである。隠された物語は、自らの生きる場所を求めて何度も甦《よみがえ》ろうとする。抑圧されたものは回帰する。これが、物語が神話になるということだ」

著者は、村上春樹氏の作品は、自己神話化されていると言います。物語が神話となれば、そこには、豊穣《ほうじょう》な解釈が生まれ続けることになるのです。

本当なのか嘘なのか、ウィキペディアによれば、『羊をめぐる冒険』は、２００２年までに、単行本・文庫本を合わせて２４７万部が出版されていると解説されています。この数字が本当ならば、現在までにいったい何百万部の『羊をめぐる冒険』が出版され、いったい何百万部の神話が読者の手元に届き、いったいいくつの解釈が生まれているのでしょうか。

村上春樹氏は、繰り返し、自分の作品で他の自分の作品に言及し、ひとつの作品を書くというより、壮大な歴史をさまざまな作品を書きながら紡《つむ》いでいく――まさに神話を作るように意識していると思えます。

素顔を決してテレビにさらさず、少ないインタビュー、徹底した情報や写真の制限も、すべて、自己神話化の努力だと思えます。

そうして、僕たちは、村上春樹氏の作品から神話的な解釈を競って掘り起こそうとするのです。

自殺した女性の名前は「直子」で、彼女の思い出は、さまざまな作品に登場していて、『風の歌を聴け』の「話」の終わりの「1970年8月26日」は、『ノルウェイの森』の直子が自死した日だし、『1973年のピンボール』で「僕」と深くまじわる女性の名前は、もちろん、「直子」だし……。

それは、物語が特権的に生き延び、受けいれられた例です。ひとつの解釈ではなく、多様で豊穣な解釈が生まれるように、物語を神話というレベルに到達させようと物語の作り手が〝意識〟し、そして、それが奇跡的に成功した例なのです。村上春樹氏が、テレビのバラエティー番組に出て「えっ？　死んだ女性の名前？　直子だったりしてー」とふざけた瞬間、すべての神話は崩壊したでしょう。が、彼はそれを選ばなかった。いろんな作品を書きながら、村上春樹氏は、ひとつの壮大な歴史を書こうという欲望があったのでしょうか。

こんな物語の存在の仕方もあるのだと、僕は心底、驚くのです。

それはつまり、彼の抱え込んだ「現実」の大きさを表しているんじゃないかと、今、僕は考えています。

自分の直面した「現実」が、あまりに困難で理解不可能だからこそ、それを解釈する「物語」を神話にまで成長させようと意識的にも無意識にも思ったのじゃないか。

あの当時、作者の抱えていた「現実」は、それほどやっかいだったんじゃないかと推理するのです。

それは、書いても書いても書き切ったと思えない日記と同じかもしれないと、夢想します。私を結局愛してくれなかったいとしい人への思いは、何年たっても忘れられず、自分の人生の裏側に、いつもぴったりと張りついている。

年を重ねれば重ねるほど、その思いは純化し、力を増していく。

そんな時、その終わりのない虚《むな》しさと切なさと苦しさを忘れるためには、いくつもの「物語」を創り、神話へと進む方法もあるんだと気付かされるのです。

Chapter 13

村田沙耶香
『コンビニ人間』

（2016年）

「芸術」というのは、「あなたの人生はそれでいいのか?」と挑発します。「芸能」は、「あなたの人生はそれでいいですよ」と肯定してくれます。

僕は四十年以上、ずっと演劇の脚本家・演出家として物語を創り続けてきました。「芸術」寄りの作品を創ると「すごく考えさせられたんだけど、なんだか重かった」と多くの観客はアンケートに書きます。「芸能」寄りの作品を創ると「すっごく面白くて笑ったけど、何も残らなかった」と多くの観客はアンケートに書きます。

僕が創りたいのは、綱引きに例えると、片方の端に「芸術」、もう片方の端に「芸能」があって、両方が激しく引き合い、ピンと張った綱のちょうど真ん中に位置するような作品です。

「笑いがないとつまらない。笑いしかないと許せない」なんてアンケートをもらったこともあります。観客の立場から言うと、こんな表現になるのかもしれません。

まれに、そういう作品に出会うと、観客としての感動と、創り手としての悔しさで震えます。

２０２４年、４月から９月まで放送されたＮＨＫ朝ドラ『虎に翼』は、僕にとってまさにそういう作品でした。

「面白いのに考えさせられる」「笑ってしまう展開なのに、『あなたはどう生きるの？』と突きつけてくる」、芸術と芸能が高いレベルで両立した作品でした。

僕自身も、何度か、そういう作品が創れたと思う時があります。

そういう時は、自分で判断する前に観客席に座る観客が教えてくれます。

反応がいつもと違うのです。

楽しみながら考える、受け身でありながら、前向きに作品を味わう。観客は体の深い部分から揺さぶられて、客席全体が揺れるのです。

話は変わって、とても有名な文学賞としては、「芥川賞」と「直木賞」があります。

なんとなくですが、どうも世の中には、「芥川賞」が金メダルで、「直木賞」が銀とか銅メダルのイメージがあるような気がします。

ある作家が直木賞を取った時、親戚の人に「おめでとう。次は芥川賞だね」と言われたというのは、業界で有名なエピソードです。

日本文学振興会によると、芥川賞と直木賞の違いは、「芥川賞は、雑誌（同人雑誌を含む）に発表された、新進作家による純文学の中・短編作品のなかから選ばれ」「直木賞は、新進・中堅作家によるエンターテインメント作品の単行本（長編小説もしくは短編集）が対象」ということです。

つまりは、「純文学」と「エンターテインメント」の区別です。

ここにも、芸術と芸能の違いが表われています。

「純文学」は、もちろん「芸術」です。小説を読むことで自分自身を見つめ、自分の生き方を考え、自分の人生を自分に問います。

もうひとつ、「文体」というのも、芥川賞の重要な要素です。文学を構成する重要な要素が、文体です。つまりは「どんなふうに書くか」ということです。

「芥川賞」は、文体を審査する賞でもあります。自分自身をどんな文体で見つめるか、が問われるのです。

文学のもう一つの重要な構成要素は、「物語」です。

どんな展開で読者をワクワクドキドキさせるのか、どれだけ読者を驚かせることができるのか、が問われるのです。

それはつまり、「エンターテインメント」であり、「芸能」ということです。

ちなみに、「芥川賞」が「直木賞」より上に見られがちなのは、私達の学校の刷り込みと、その結果のマスコミの報道の仕方だと僕は思っています。

私達は、小学校の国語の教科書からずっと、「価値のある作品は、真面目な作品」と教えられてきました。

笑いがひとつもない作品を、真剣な表情で読んで、「作者の言いたいことはなにか？」を考え、作品を分析しました。

つまりは、「重要な作品は、真面目で重くて、真剣なもの。面白おかしい作品の、価値は少ない」という刷り込みです。

自然に、「真面目が一番、面白さは二番」という思い込みが出来上がりました。

その結果、マスコミは、まずは真面目な純文学である「芥川賞」を大々的に報道し、そのおまけみたいに「直木賞」を付け足すということをずっと続けてきました。

だから、「直木賞」を取った作家に「次は芥川賞ね」と言う親戚を生むことになったのです。

で、何が起こっているか。

半年に一回、「芥川賞」が大々的に報道されます。特に受賞者が、女性で若かったりすると、もう大騒ぎです。

ずっと本を読んでなかった人は、そういう報道に接すると「うむ。久しぶりに本でも読んでみるか」と「芥川賞受賞作」を手に取るのです。

なにせ、マスコミが何度もタイトルを繰り返してますからね。

でも、「芥川賞受賞作」は、「あなたはどう生きるか?」という問いかけと文体の試行錯誤で出来上がっている作品です。

そんな小説を、ずっと小説を読んだことがない人が読むとどう感じるでしょう?

Amazon のレビューには「評判だったので読んだが、最悪の物語。全然、面白くない」とか「何も起こらない。金返せ」「ストーリーはぼやっとしてて、全然、ワクワクしないし、すっごくつまらなかった」という文章が並ぶことになります。

そして、「やっぱり、小説ってのはピンとこないや」と、多くの人が読んだことを後悔してしまうだろうと僕は思っています。

「芥川賞」は、明確な物語があると授賞しにくいとさえ言われています。あんまり面白い展開にしてしまうと、落ちると言われているのです。「芥川賞」は、小説を読み慣れた人が、若い才能を愛で、新しい文体を味わうものなのです。

久しぶりに読むべきは、「直木賞受賞作」です。こっちは、物語の面白さ、本を読むことの楽しさ、ページを繰り続けることの興奮を教えてくれます。そして「本を読むっていいなあ。他の本も読んでみようか」なんて思う人を量産できるのです。

そこから、「小説は面白い。たまには違ったものも読んでみようか」が生まれます。

つまり「直木賞」から「芥川賞」という流れはあっても、「芥川賞」から「直木賞」はほとんどないと僕は思っています。あるのは、「芥川賞」から「本を読まない人」です。

マスコミは、「芥川賞」を毎年、話題にすることで、じつは、多くの人の小説離れを加速していると僕は思っているのです。

じつは、演劇界でも似たようなことがあります。

アイドルをいきなり、難解で深刻な芸術作品の主役に抜擢《ばってき》するケースです。

制作者側は、ふだんハードルが高くてなかなか上演できない作品を、アイドルをキャスティングすることで、実現できるというメリットがあります。アイドル一人で、何千人から一万人以上の観客を呼べるわけですから、興行が失敗する可能性は少なくなるわけです。

アイドルの事務所も、アイドルに箔《はく》をつけようとしたら、世界的に有名な芸術作品に主演させるのが手っとり早い方法です。うちのアイドルは、浮ついた人気だけじゃないんだ、こんな芸術作品の主役をやっているんだと宣伝できるのです。

割を食うのは、アイドルのファン達です。世界的に有名でも、難解で真面目で重い作品を見て、「推しに会えたからいいんだけど、なんか、深刻で難しくて、全然、分からなかった。やっぱり、お芝居って私に合わない」と結論するのです。

これは演劇界全体の損失でもあります。せっかく、演劇というものに接したのに、演劇を好きにならずに、嫌いな人達を量産することになるからです。

こういう世界的に有名な難解で真面目な作品は、演劇をたくさん見ている人達向けの作品です。多くの作品を鑑賞してきたからこそ、難解さを楽しめるし、真面目さや重さも味わえるのです。

それを、初めて演劇を見る人達にぶつけてはいけないのです。

「芸術」に引っ張りすぎた結果、そのジャンルに初めて来た観客や読者を混乱させるのは、そのジャンルそのものの損失だと僕は心配するのです。

と書きながら、まれに、本当にまれに、「芥川賞受賞作」でありながら、「芸術」と「芸能」の綱引きが高いレベルで成立している作品があります。

それが、今回紹介する『コンビニ人間』です。

２０１６年芥川賞受賞作。２０２０年の段階で百万部を突破しただけではなく、世界約三十カ国で翻訳されています。

主人公は、三十六歳、独身。コンビニバイト歴十八年という女性、古倉恵子。

彼女は小さい頃から自分が、周りの人達とどうやら違っているらしいと感じていました。

幼稚園の頃、公園で死んだ小鳥を見つけて泣いている子供達を前に、「お墓を作ってあげようか」と言う母親に対して、彼女は「これ、食べよう」と答えます。

お父さんは焼きとりが好きだから、という理由です。

母親はぎょっとしながらも、小鳥さんがかわいそうでしょう、みんな泣いているから、お墓を作ろうと繰り返します。彼女は「なんで？　せっかく死んでるのに」と続けます。

お墓を作る母親や他の子供たちを見ながら、彼女には「皆口をそろえて小鳥がかわいそうだと言いながら、泣きじゃくってその辺の花の茎を引きちぎって殺している」光景が「頭がおかしいように」見えました。

また例えば、小学校時代、男子が取っ組み合いのけんかを始めて、「誰か止めて！」と悲鳴が上がったので、彼女は「そうか、止めるのか」と思って、用具入れの中にあったスコップを取り出して、暴れる男子の頭を殴りました。殴られた男子は頭を押さえて動かなくなったので、もう一人の頭も殴ろうとすると、周りから止められました。

大騒ぎになり、先生から追及されても、彼女は「止めろと言われたから、一番早そうな方法で止めました」と答えました。

職員会議で問題になり、母親が呼ばれ、「すみません」と何度も謝る母親を見ながら、どうやらいけないことだったらしいけれど、何故なのかは分からないままでした。

こんなことが何度もあった結果、彼女は家の外では極力口を利かないようにしました。「皆の真似をするか、誰かの指示に従うか、どちらかにして、自ら動くのは一切やめた」のです。

彼女は、両親が「どうすれば『治る』のかしらね」と相談しているのを聞き、自分は何かを修正しなければならないのだなあ、と思います。カウンセリングにも連れていかれましたが、変わりませんでした。

彼女自身、自分がどう「普通」でないか分からないのですから、変えようも治しようもなかったのです。

高校も大学も、「基本的に休み時間は一人で過ごし、プライベートな会話はほとんど」しませんでした。

大学一年生の時、開店するコンビニを偶然見つけて、応募します。人間とはどうつきあっていいか分からなかったけれど、アルバイトには興味があったのです。

彼女は簡単な面接の後、採用になります。

開店前のトレーニングで、彼女はあいさつなどの接客を教わります。

彼女は元気な声を出して、おそらく人生で初めて他人から誉められます。

彼女は思います。「今まで、誰も私に、『これが普通の表情で、声の出し方だよ』と教えてくれたことはなかった」

バイト敬語と言われて、ともすれば揶揄《やゆ》されがちな接客のマニュアルが、彼女にとっては、「生き延びるための知恵」になったのです。

トレーニングの二週間を終えて、コンビニは開店します。

本物のお客さんが来て、彼女は懸命にマニュアルに沿った接客を続けて、指導の社員から誉められます。

「いらっしゃいませ！」と元気なトーンで声を張り上げた瞬間、彼女は感じます。

「私は、初めて、世界の部品になることができたのだった。私は、今、自分が生まれたと思った。世界の正常な部品としての私が、この日、確かに誕生したのだった」

社会の部品になることが、一般的に忌避《きひ》されることのように思われる中、彼女は部品になったと思えることで、世界に受け入れられたと心底、安堵するのです。

バイトを始めた当初、家族は喜びました。ずっと一人で、友達もいない娘を親は心配していたのです。

大学時代週四だった勤務は、大学を卒業して週五になりました。

やがて、大学を卒業後も就職しないで、コンビニのバイトを続ける娘を、親はだんだんと心配するようになりました。

彼女が一般の会社に就職しないでコンビニを選んだ理由は、「完璧なマニュアルがあって、『店員』になることはできても、マニュアルの外ではどうすれば普通の人間になれるのか、やはりさっぱりわからないまま」だったからです。

いつのまにか、コンビニのバイト歴は、十八年になりました。開店からのスタッフは誰もいなくなりました。店長も七回、替わりました。

ベテラン店員になった彼女は、天気予報によって注文を変えたり、近所のお店の開店情報をチェックしたり、新商品をすぐに食べて売れ行きを予想するようになりました。

朝から働く彼女は感じます。

「世界が目を覚まし、世の中の歯車が回転し始める時間。その歯車のひとつになって廻り続けている自分。私は世界の部品になって、この『朝』という時間の中で回転し続けている」

そう感じることが、彼女の喜びなのです。

朝、二リットルのミネラルウォーターを一本と、廃棄になってしまいそうなパンやサンドイッチを選んで買い、コンビニのバックルームで朝食を取ります。昼食はおにぎりとファーストフード、夜も疲れている時は店のものを買って帰ります。

自分の体はコンビニの食料でできていて、雑貨の棚やコーヒーマシーンのように、店の一部であるように彼女は感じます。

また「普通」が分からない彼女は、コンビニのスタッフのしゃべり方やファッションを真似することで生きていきます。それを彼女は「伝染」と呼び、それは自分だけではなくて、大抵の人は、伝染したり伝染されたりしているのではないかと感じます。

「伝染し合いながら、私たちは人間であることを保ち続けているのだと思う」

感情の「普通」の使い方も彼女は学びます。他の店員と同じことで怒ると、彼らが喜ぶことを発見するのです。それ以降、怒るふりをして店員を喜ばせたりします。

そういう時、「ああ、私は今上手に『人間』ができているんだ、と安堵する」のです。

コンビニに勤めることで、一応の「普通」を手に入れたと思っていた彼女は、三十六歳になって、「世間」の風が強くなっていることを感じます。

コンビニで「普通」を学んだ彼女は、大学時代の友人と偶然再会し、なんとなく、関係が始まります。

やがて、数人の友人に囲まれると、彼女に対する質問大会になります。「就職はしないの？」「恋人はいないの？」「どうして三十六歳でコンビニのバイトなの？」「誰かと付き合ったことはないの？」

周りは、彼女が理解できないので問い詰めます。

彼女の「普通」の妹は、姉の状況を理解していて、いろいろとアドバイスをくれました。

「どうして、大学を出て、三十六歳でコンビニのバイトを続けているの？」と聞かれたら、「身体が弱い」と答えるといいと教えてくれました。

でも、コンビニは立ち仕事が多いのに、大変じゃないのと、質問は終わりません。「今まで誰かと付き合ったことはあるの？」という質問に、彼女はうっかり、「ああ、ないよ」と正直に答えてしまいます。

彼女は、基本的に優しくて、正直で、人に対して誠実であろうとしているのです。ただ、「普通」ではないだけです。

周りは勝手に、「アセクシャル」かなとか「カミングアウトって難しいよね」とか、いろんなレッテルを彼女に貼ります。

彼女は、大学時代の友人に囲まれながら、「迷惑だなあ、何でそんなに安心したいんだろう」と感じ、「早くコンビニに行きたいな」と思います。

彼女はつぶやきます。

「正常な世界はとても強引だから、異物は静かに削除される。まっとうでない人間は処理されていく」

そんな日々の中、白羽という新しいバイトが入ってきます。百八十センチはゆうに超えた、ひょろりと背の高い、針金のハンガーのような男性でした。

白羽の登場で、彼女の人生は大きく変化します。いやもう、これがすごい。

白羽という男性、唸るほどの「どクズ男」です。ここまで「どクズな男」の造形はそうないと思えるぐらい、リアルでどクズです（笑）。

これ以上はネタバレになるから書きませんが、僕は読みながら「芥川賞受賞作なのに、こんなに面白くていいのか⁉」と叫びました。

この作品は、とても普遍的な構造を持っていると思います。現実に対しての「違和感」はみんな持っています。自分が「どこかおかしいんじゃないか」という不安や恐れも、たいていの人は持っているでしょう。自分が周りから浮いているんじゃないか、周りの人の気持ちが分かってないんじゃないのかという心配もあります。

この主人公、古倉恵子は、その外れ方、ズレ方が桁外《けたはず》れなのです。あまりに桁外れなので、痛快で、切なくて、面白くて、度肝抜かれるのです。

このレベルの人が、こうやってなんとか生きているんだ、生きる道をちゃんと見つけているんだ、こんな試行錯誤をしているんだと知れば、自分が「異物」だと怯えている人にも間違いなく希望になると僕は思います。

作者の村田沙耶香さんは、実際に週三日、コンビニでバイトをしていて、芥川賞を受賞した後、今後の勤務をどうするかは、店長と相談するとインタビューで答えています。

間違いなく、日本文学の未来を広げる可能性のある一人でしょう。

追記

もしあなたが、十代か二十代前半なら、『推し、燃ゆ』（宇佐美りん　河出書房新社）の方がピンとくるかもしれません。この作品もまた、芥川賞受賞作でありながら、抜群の「芸能的面白さ」にも満ちています。

主人公のあかりは高校生。唯一の生きがいは、八歳年上の男性アイドルを推すことです。彼女もまた、コンビニ人間である古倉と同じように、現実に対して強烈な違和を持ちながら、推すことで生き延びているのです。

が、その推しのアイドルが、ある日、ファンを殴るという事件を起こします。そこから始まる物語です。

Chapter 14

ディーリア・オーエンズ『ザリガニの鳴くところ』

（2018年）

大学時代、深刻な出来事が起こり、友人と二人でアパートで対応策を練ろうとしたことがありました。

名案は浮かばず、一晩中、悶々《もんもん》として、「もうだめだ」と思った時、ちょうど、夜が明けてきました。

白んでいく外の世界に気がつき、窓を開けると、昇っていく太陽が見えました。

その瞬間、「なんとかするぞ」という気持ちが腹の奥から湧き上がってきました。

驚きました。

昇る太陽を見る直前まで、「もうだめだ」と思っていたのに、光を放つ太陽を見ただけで、困難に立ち向かうエネルギーが身体から溢《あふ》れ始めたのです。

驚きは、「人間は動物なんだ」ということでした。

論理的に考えれば、もう絶望するしかない。もう諦《あきら》めるしかない。もう希望はない。そう頭で結論しているのに、太陽を見て、太陽の光を身体に感じるだけで、「なんとかするぞ」という意欲が生まれる。もちろん、「なんとかする」方法が浮かんだわけでも、事態が少しでも良くなったわけでもない。

でも、太陽という自然に接すると、人間は力を得ることができるんだという発見であり、驚きそのものでした。

それは、深夜、行き詰まった思考の途中で窓を開け、さわやかな風が入ってきた時にも感じた感覚でした。

人間は動物であり、自然に影響されるんだと気づいた瞬間です。

ただし、それは朝日だったからかもしれないと、後から思います。これが地球温暖化の猛暑日の太陽を目撃したら、エネルギーは湧いたのだろうかとも思います。朝日ではなく、夕日だったら、「なんとかするぞ」と思ったのだろうかと考えます。

つまりは、太陽という圧倒的なエネルギーがあって、それを人間がどう受け止めるか次第なのかもしれないと思ったのです。

朝日は始まりであり、始まりは未来を感じます。夕日は終わりであり、終焉を感じるのとは対象です。

悩んだ時には、朝日を見るに限るのかもしれません。

今回紹介する物語は、「湿地は、沼地とは違う」という象徴的な文書で始まります。

「湿地には光が溢れ、水が草を育み、水蒸気が空に立ち昇っていく。穏やかに流れる川は曲がりくねって進み、その水面に陽光の輝きを乗せて海へと至る」

そんな湿地のあちこちに、「本当に沼地と呼べるものがある」と作者は書きます。「沼地の水は暗く淀んでいる」「生命が朽ち、悪臭を放ち、腐った土くれに還っていく。そこは再生へとつながる死に満ちた、酸鼻《さんび》なる泥の世界なのだ」

つまりは、生と死が密接につながった世界があるということでしょう。

そんな沼地で、チェイス・アンドルースの死体が発見されます。１９６９年10月のことです。単なる事故死なのか、殺人事件なのか、冒頭で読者に謎を投げかけたまま、物語は十七年前、１９５２年８月に戻ります。

主人公、六歳の少女カイアが母親に捨てられた日の朝です。

台所に立っていたカイアは、乱暴に玄関の網戸を締める音に気付いてポーチにかけ出します。目にしたのは、茶色いロングスカートに、青い旅行鞄を持ち、よそ行きのハイヒールで砂の小道を歩いていく母親の後ろ姿でした。

六歳のカイアは、大声で呼びたかったのですが、父親を起こしてはいけないと思い、ただ、玄関の階段を下りました。

父親は、酔っぱらったり、機嫌が悪いと、家族を殴っていたからです。カイアは、母親が何度も父親に殴られたのを目撃していました。

母親は、立ち止まらず、歩き続けました。カイアの住む小屋から伸びた小道が通りにぶつかる所で、母親はいつもは振り返り、手を振っていました。でも、今日は違いました。母親はただ歩き続けました。それが、六歳のカイアが見た最後の母親の姿でした。

カイアの粗末な家は、町から外れた湿地の中にぽつんとありました。湿地なんて何の役に立つのか分からない、沼地との違いも分からないと思われていた時代でした。町の中心部に行くには、歩くより、粗末なボートが早く着きました。貧しいカイアの家の唯一の財産と言ってもいいものでした。湿地の間の水路を抜け、沿岸沿いの海をボートは進みました。

カイアは「六歳にしては背が高く、ガリガリに痩せた体は褐色に焼けており、まっすぐな髪はカラスの羽のように黒くて豊か」な少女でした。

玄関に座って、母親の去った方向を見つめるカイアに、七つほど上の兄ジョディは、「母親は戻ってくるよ」と言いました。ですが、カイアも、そして言ったジョディも信じてはいませんでした。

父親は、第二次世界大戦でケガをし、週に一度の障害者手当てが唯一の収入でしたが、ほとんど家に金を入れず、何日も家に帰らず、帰った時は酔っぱらっていて、家族を殴りました。

カイアは五人兄姉の末っ子でしたが、母親が去って数週間して、一番上の兄と二人の姉が、父親の暴力に耐えかねて家を出て行きました。

父親とカイアとジョディの生活がしばらく続いた後、ジョディは父親に何度も殴られ、とうとう、家を出るとカイアに告げます。

カイアは、父親と二人きりにしないでと頼もうとしましたが、言葉が詰まってでてきませんでした。

カイアは六歳なのです。

「カイアは叫びたかった。自分は幼いかもしれないが、馬鹿じゃない。みんなが去って行くのは父さんのせいだとわかっている。わからないのは、なぜ誰も、いっしょに行こうと言ってくれないのかということだった」

カイアも出て行くことを考えました。でも、六歳のカイアには行く当てもないし、バス代さえなかったのです。

ジョディは言います。

「カイア、これからは気をつけるんだぞ。もし誰かが来たら家に入っちゃいけない。

捕まってしまうからな。湿地の奥まで逃げ込んで、茂みに隠れるんだ。足跡にも気づかれないようにしろ。方法は教えただろう。それで父さんからも隠れられるはずだ」

去って行くジョディを見送った後、カイアは、「この子ブタちゃん、おうちに残った」と波にささやきました。「子ブタちゃん」とは、母親がカイアに向かって親愛の情を込めて呼びかけていた言葉でした。

カイアは、湿地の小魚から、「どうやって父親と暮らすか」という方法を学びます。「とにかく関わらないようにし、姿も見られないように気をつけて、日なたから日陰へと泳ぎまわるしかない」つまり、父親より先に起きて家を離れ、林や水辺で一日を過ごし、夜になると忍び足で家に戻り、いちばん湿地の近くにいられるポーチのベッドで眠ったのです。

ある日父親は、障害者手当てである金をカイアに渡して、一週間分の食べ物を買えと命令します。タダじゃない、そのお返しに、家のことをして、薪《まき》を集めて、洗濯もしろと告げます。

カイアは初めて、たった一人で村に買い物に出かけます。もちろん、ボートは幼くて使えないし、もし使おうとしても父親は許してはくれないので、深い砂や黒い泥の中を長い間歩き続けました。

裸足に丈が短すぎるオーバーオール姿のカイアは、必死の思いで食料品店に入ります。カイアは、お金の数え方も知らず、文字も読めませんでした。村の人達は、「湿地の少女」「謎の原始人」などと読んで、バカにしたり、あざ笑ったり、無視していたのです。

しばらく、父親との生活が続きました。六歳のカイアは、母親の記憶を頼りに、トウモロコシ粥を作り、洗濯をし、薪を集めました。カイアの家には、電気もガスも通じてはいませんでした。

七歳の誕生日に、カイアは、「母さんはきっと戻ってくる」と思い、一番、まともな洋服を着て、ずっと小道を見つめました。けれど、誰もやって来ないと知った後、カイアは、林の先を抜けて海岸に行き、トウモロコシ粉をカモメに向かって放りました。

カモメたちは、浜辺に集まりました。

「今日はわたしの誕生日なの」カイアは鳥にささやきかけました。

ここで、1969年のチェイス・アンドルースの事件に物語は飛びます。チェイスは、湿地の中に立つ、高い火の見櫓《やぐら》から落下して死んだことが分かります。事故で落ちたのか、誰かに突き落とされたのか。

チェイスは、かつて、クォーターバックのスター選手として村でも一目置かれる存在でした。やがて、村いちばんの美人と結婚していました。

カイアが初めて町に買い物に出かけた時、自転車を乱暴に運転し、あやうくカイアにぶつかりそうになった少年でもありました。カイアは心臓が飛び出るほど驚きましたが、チェイスは、ただ振り返って笑っただけでした。

チェイスの死体の周りには、彼の足跡を含めて、誰の足跡もありませんでした。保安官は頭を抱えます。


七歳の誕生日から数日たった頃、湿地の家に人が訪ねてきて、カイアを学校に連れていくと告げます。本来は六歳から行くものでした。

カイアは、茂みに隠れていましたが、文字の読み方や29の次の数字は何か学びたい気持ちが浮かびました。

「毎日無料で温かい昼食が食べられるのよ」大人の女性は言いました。カイアはいつもお腹がぺこぺこでした。カイアは姿を現します。それは「胃袋の勝手な意志」と呼ぶものでした。

ですが、カイアは一日しか学校に行きませんでした。裸足で学校にいったカイアは、貧しい「湿地の少女」としてバカにされ、（犬・DOGの綴《つづ》りを聞かれ、間違い、クラス中に笑われ）、もう行かないと決めたのです。

ある日、父親がいない間、カイアは初めて自分一人でボートに乗りました。もちろん、父親にバレたら、激しくぶたれるでしょう。燃料は貴重だからです。湿地の水路をゆっくりと進みながら、七歳のカイアは、湿地を自分の意志で探検し始めます。

広い入り江で、カイアは一人の少年と出会います。古ぼけたボートに乗って釣りをしている彼は、たぶん十一歳か十二歳ぐらいの少年でした。カイアは緊張したけれど、少年は、温かで屈託のない笑顔を向け、軽く挨拶をしました。カイアも思わず頷き返すと、すぐに視線をそらせ、速度を上げて彼のそばを通りすぎました。

けれど出会いには続きがありました。一刻も早く、この場を去りたいと思ったカイアは、湿地の水路の中で迷ってしまったのです。少年と再び出会うと、少年はテイトと名乗り、カイアの兄のジョディと釣りをしたことがあり、小さいカイアとも会ったことがあると告げたのです。

「きみはカイアだろ？」

そう言われて、「自分の名前を知っている人がいる。カイアはあっけに取られた。何かにつなぎ止められたような、何かから解き放たれたような感じ」がしたのです。父親とはしばらく穏やかな生活を送りました。父親と一緒にボートに乗り、たくさんの湿地に関する質問をしました。ガンが渡ってくる時期や魚の習性、雲から天候を予測する方法、などなど。父親は湿地のことをよく知っていたのです。

カイアは、珍しい貝や鳥の羽を集めました。それがカイアの喜びでした。

やがて、カイアは、ジャンピンと呼ばれる年老いた黒人男性の店を知ります。町の中央に行く途中にある、船着場の上に立っている店でした。この店でたいていの物が手に入ることが分かったので、カイアはもう、バカにされたり、「どうして学校に行かないのか？」と責められたりしながら、町の店で買い物をする必要がなくなったのです。

9月のある日、とうとう母親から手紙がきました。けれど、カイアは文字を読むことができません。父親に手紙を渡すと、父親は、カイアの目を盗んで燃やしてしまいました。カイアは、燃えた残りカスを集めて小瓶に詰めました。

1956年、カイアは十歳になりました。父親はめったに家に帰ってこなくなりました。「たぶん、父さんはもう帰ってこないんだ」カイアはそう言って、表面が白くなるほどきつく唇を噛みました。

問題は、お金がまったくないことです。トウモロコシ粉やマッチや石鹸やランプ用の灯油やボートのガソリンを買うお金がないのです。

カイアは、朝早く起きて、潮が引いている浜辺に出て、バケツと曲がったナイフ、空の麻袋を持って、ムール貝を掘りはじめました。母親が昔、教えてくれたことです。四時間ほどかけて、麻袋二つを貝で一杯にして、ジャンピンの店にボートで行きました。

ジャンピンは、それをお金とガソリンに換えてくれました。カイアは、初めて、自分の力で本物のお金を手に入れたのです。十歳の冬でした。

湿地は、町の人からは、「みすぼらしい不毛の地に見え」ましたが、それは決してやせた土地ではなかったのです。

「陸地にも水中にも、多様な生き物――砂にうごめくカニ、泥のなかを歩き回るザリガニ、水鳥、魚、エビ、カキ、肥ったシカ、丸々としたガン――が幾重にも積み重なってい」ました。

ですから、「自力で食糧をかき集めることをいとわなければ、この地で飢える者などひとりもいなかった」のです。

ただし、それは、大人に限ったことかもしれません。

十歳のカイアには、「自力で食糧をかき集めること」は試練でした。

ムール貝の買い取りは、早い者勝ちだったのです。カイアより先にムール貝を持ち込んだ人がいれば、買い取ってもらえませんでした。必死で考えたカイアは、八時間かけて魚を釣り、父親のやり方を思い出して燻製《くんせい》にしました。それをジャンピンの店に持っていきました。貧相で、身は裂けてバラバラになった、とても売り物になりそうにない魚を見て、ジャンピンの妻であるふくよかなメイベルは、「教会で服やなんかを集められるはずよ」と答えます。

この時代、教会は白人用と黒人用に分かれていました。ジャンピンやメイベルが住む地域はカラードタウンと呼ばれ、町から外れた場所にありました。町の白人達は、貧しいカイアを見捨て、差別されている黒人がカイアに手を差し伸べたのです。

1960年、十四歳のカイアは、朽ちて倒れた木の株に、長さ十五センチほどの黒くて細い羽根がまっすぐに立っているのを見つけます。それは、注意深い人なら、オオアオサギの〝眉〟だと分かりました。置いたのは、あのボートに乗っていた少年、テイトだと確信しました。

また別の日には、株の上には、ネッタイチョウの見事な尾羽がありました。

カイアは、集めた貝や羽根や虫達にラベルをつけ、正確に描き、塗り、スケッチするようになっていました。

木の株を通じてやりとりが始まりました。メモが入っていたこともありましたが、十四歳のカイアは、まだ文字が読めませんでした。

ある日、とうとう、二人は出会います。テイトは逃げないでと静かに言います。テイトの日に、思わず後ずさりするカイアに、カイアはとても魅力的に映りました。

プレゼントのお礼を言いながら、「メモは読めないわ」とカイアは言います。テイトは、「よかったら、僕が読み書きを教えてあげるよ」と告げます。

文字を知り始めてカイアは思わずつぶやきます。「気づかなかった。言葉がこんなにたくさんのことを表せるなんて。ひとつの文に、こんなにいっぱい意味が詰まってるなんて」

ある日、テイトを待っている間に、カイアのお腹が急にきりきりと痛みだしました。これまで経験したことのない種類の痛みでした。混乱したカイアは、ジャンピンの妻、黒人のメイベルに会いに行きます。話を聞いたメイベルは、「自分の豊かな胸に彼女を引き寄せ、その体をきつく抱きしめて前後に揺らした。初めのうちカイアは身を硬くしていた。抱き寄せられることに慣れていなかったのだ。しかしそんなことでひるむようなメイベルではなく、とうとうカイアも全身の力を抜いて心地いい二つの枕に体を預けるようになった」

メイベルは言いました。

「いい、ミス・カイア。ちっとも恥ずかしいことじゃないの。もちろん世に言われるような呪いでもない。ここから新たな人生が始まるのよ。これは女にしか経験できないことだわ。そして、あなたはいま女になったの」

カイアとテイトは、自然に恋に落ちます。ぎこちないキスをした後、カイアは「私はあなたの恋人になったの？」と聞きます。

テイトは微笑み「なりたいの？」と聞き、「ええ」とカイアは答えます。

「きみはまだ若すぎるかもしれない」

「でも羽根には詳しいわ。ほかの女の子は、羽根のことなんて何も知らないはずよ」

「たしかにそうだね」そう答えてテイトはまたキスをしました。カイアは、生まれて初めて、心が満ち足りる感覚を味わいました。

さて、ここからカイアの人生になにが起こるか。それは、読んでもらうしかありません。本当は、この物語を体験してもらうためには、テイトのことも、ジャンピンのことも書きたくはなかったのです。

僕は、冒頭、カイアが母親に捨てられた瞬間から、カイアの人生の虜《とりこ》になりました。心配でたまらなくなったのです。ですから、読者のあなたにも、同じ体験をして欲しいのです。

でも、何も書かないと、「この作品が面白いかどうか」が全く分からず、読む気持ちにならないかもしれないから、ここまでの粗筋を書きました。

でも、ここまでです。先に言っておきますが、決して、哀しい結末ではありません。驚く部分はありますが、(なにせ、大枠としては推理小説風の始まりですからね)、最後まで読んで「どうだ、人生は哀しいだろう。絶望しかないだろう」なんていう結論ではありません。

それは、この物語が「自然」に基づいているからだと思います。

自然は、それ自体、希望でも絶望でもありません。ただ、激しいエネルギーで存在しているのです。

「ここには善悪の判断など無用だということを、カイアは知っていた。そこに悪意はなく、あるのはただ拍動する命だけなのだ」

と作者は書きます。

冒頭の「沼地」さえ、「生命が朽ち」ていても、「再生へとつながる死に満ちた」場所なのです。

カイアは、自然からたくさんのことを学びます。父親から逃げるために小魚の生き方を真似たのもそうですし、子供を捨てるキツネの話、交尾相手をむさぼり食うカマキリ、ニセの愛のメッセージを送るホタル。

湿地はそういう所なのです。その学びのなんと豊かなこと。

それがカイアのたくましさの源になるのです。

カイアが死ななかったのは、湿地の中にいたからだと感じます。もし、これが町の中に一人なら、絶望し、死を選んでいたかもしれません。太陽と共に起き、貝や魚を取り、鳥達と話し、自分もまた自然の一部だと感じる。自然はただ優しいだけでもなく、残酷なだけでもない。自然は自然だ。それ以上でも以下でもない。ただ、自然のエネルギーを感じ、その中で生き延びる努力をした者は生き延び、諦めた者には自然は手を伸ばさない。なんという厳密なルール。

作者は、ディーリア・オーエンズ。動物学者として、ノンフィクションの本を3冊出した後、七十歳で初めて書いた小説が、この『ザリガニの鳴くところ』でした。

一人の少女が、湿地の中で捨てられ、恋をし、成長し、大人になっていく姿が、本当にみずみずしく描かれています。

きっとあなたも、この物語から確かなエネルギーを感じると思います。

長く読み継がれて欲しい物語です。

Chapter 15

田中未知
『寺山修司と生きて』
ほか３冊

（2007年）

二十二歳で『第三舞台』という劇団を旗揚げする前後のことだったと思います。

僕は、早稲田大学演劇研究会というサークルのメンバーで、先輩の公演を手伝った後、打ち上げに参加していました。酒宴には、サークルメンバー以外にも、さまざまな人が参加していました。

大隈講堂の裏にある、ブロック建てのアトリエで飲み会は深夜まで続きました。

どういう偶然なのか、僕はサークルのOBが演出している劇団で、劇作を担当している女性作家の傍にいて、いつのまにか彼女と話し込んでいました。

彼女は三十代でしたが、二十代の頃、好きな男性ともう一人の女性と、三人でアパートに住んでいたと語りました。もう一人の女性も、もちろん彼のことが好きでした。

僕は思わず「えっ？　セックスとかどうしたんですか？」と聞くと、「一人が散歩に出て、終わったと思う頃に帰ってくるの」と彼女はさらりと言いました。

僕は「それでいいんですか⁉」と思わず声を上げました。

彼女は僕の目を見て、「鴻上ちゃん。無能な男を独り占めするより、才能のある男を分け合った方がいいでしょう」と微笑みました。その笑顔は、何十年たった今でもはっきりと覚えています。

才能のある男とは、寺山修司のことでした。

寺山修司は1935年に生まれ、1983年に四十七歳で亡くなりました。歌人で劇作家で詩人で映画監督で脚本家で作詞家で競馬評論家で、ありとあらゆる肩書があります。

「本業は？」と聞かれて「僕の職業は寺山修司です」と答えたのは有名なエピソードです。

寺山の短歌で一番有名なのは、彼が十八歳の時の作品。

「マッチ擦るつかのま海に霧ふかし　身捨つるほどの祖国はありや」

でしょう。

「身捨つるほどの祖国はありや」と僕も何度も口の中で、この言葉を転がしました。祖国とはなにか、郷土と何が違うのか、国家とはどう違うのか、国体とは何が違うのか。

1960年代の終わりから70年代、彼は芸術と芸能、両方の分野でスーパースターだったと言っていいと思います。

前衛で難解な作品を発表しながら、同時に大衆的に認知されもしました。極めて珍しいアーティストだと言えます。

さて、アパートで三人で同居していた彼女は、大学生の時、大学で開かれた寺山修司の講演会に行き、手を挙げて質問をしました。講演会が終わった後、スタッフが来て、寺山が会いたいと言っていると呼ばれました。

寺山は、彼女に『天井桟敷』という彼の劇団に入って僕を助けて欲しいと言いました。

劇団は敵だらけなんだよ、だから僕を助けて欲しいと。

実際に入団してみると、敵どころか彼を愛する人だらけだったと彼女は笑いながら、僕に言いました。

それから、彼女はずっと寺山を助け、台本を共作もして、やがて独立しました。

今回紹介する本は、物語ではありません。実在の人物、寺山修司について書いたものです。

この『人生にがっかりしないための16の物語』は、タイトル通り、物語（フィクション）を紹介しています。

ただし、一人の人生がとびきりの物語としか思えないようなものなら、この本に加えてもいいんじゃないかと思ったのです。

もちろん、どんな市井《しせい》の人生にも、物語としての面白さがあるだろうと思います。派手な物語と地味な物語があっても、物語の深みや面白さは関係ないとも思います。

ただ、今回紹介するノン・フィクションは、人生という物語の波瀾万丈さに加えて、「愛の形」が突出しています。良いとか悪いとか、正しいとか間違っているとか、あらゆる言葉が投げつけられ、話題にしないではいられない強度があるのです。

先に言いますが、この回では、寺山修司の本だけではなく、計４冊の本を紹介します。そのどれもが、「愛の形」として、比類ない物語です。

あなたは、「絶対に、こんなふうにならないようにしよう」と思うかもしれません。「この気持ち、分かる」と納得するかもしれません。「こんなの愛じゃない。ただの男のわがままだ」と怒るかもしれません。「好きになったんだからしょうがない」と諦めるかもしれません。

はっきりしていることは、紹介する４冊は、読む人の心を動かし、挑発する「愛と人生」についての記録だということです。

『寺山修司と生きて』を書いたのは、僕に打ち上げで話してくれた女性とは違います。著者、田中未知《みち》は、寺山修司の劇団、演劇実験室『天井桟敷』の初期からの制作スタッフで、やがて寺山の秘書兼マネージャーになりました。また、作曲家でもあります。

初めて寺山に出会った時、著者は二十歳、寺山は三十歳でした。四十七歳で寺山修司がなくなるまで、十六年半、ずっと傍にいて、支えました。寺山に関する本は関係者からたくさん出ていますが、これは一番身近で、一番長く傍にいた人が書いた寺山修司です。

著者が寺山の傍に来た時は、寺山は結婚していましたが、しばらくして離婚します。やがて、著者は公私にわたって、寺山の面倒を見る関係になります。秘書やマネージャーという立場だけではなく、恋人としての関係も始まるのです。

寺山はじつは病気がちで、薬の管理も彼女がしました。

この時期、彼女は「時代が寺山修司を必要としていることを直感していた。寺山を助けることは『人のため、世のため』だと信じられた」のです。

ですから、恋愛感情より尊敬や使命感の方が強かったのかもしれません。

彼女は自分のすべての関心と時間と体力を寺山修司に注ぎます。劇団の仕事は終わりがなく、トラブルは次から次へ起こり、時代の寵児《ちょうじ》である寺山に仕事が殺到し、寺山の身体は病気がちで、彼女が防波堤になり、仕切り、憎まれ役にならなければ、寺山は身体を壊してしまう可能性が大きかったからです。

トラブルのひとつは、女性問題でした。

「多くの女性が寺山修司をとりまいていた。それでも、女性たちと接することが少しでも彼の息抜きになるならと思い（中略）『お好きなように』と喜んで許していた。私が寺山の女友だちに嫉妬せずに接してきたことが、どうも周囲の人々に誤解を植え付けたようで」その結果、「私が女性たちの交通整理を引き受けることもあったのである。それでも寺山の仕事がスムーズに運ぶならという、それだけが私の願いであった」

ある時、寺山は彼女に、結婚は「おふくろから逃げるためだった」と語ります。

寺山は、結婚前、母と二人、高田馬場のアパートで暮らしていました。寺山はすでに有名になっていましたが、彼の収入はすべて母が握り、一日五百円の小遣いだけをもらっていました。

なおかつ、毎日「何時に帰ってくるのか？」と聞き、その時間にあわせて夕食を用意しました。まだ各家庭に電話のない時代で、連絡できずに帰宅が遅くなっても、母は、帰宅するまで魚や肉のおかずを火にかけたままにしておきました。真っ黒に焦げたおかずをみせて、これは「（遅くなった）修ちゃんのせい」と告げるのです。

この母親の存在だけでも、ひとつの際立った物語です。結婚した女性、女優でありプロデューサーだった九条映子さんも、母親から、可愛い息子を取り上げた憎い相手と激しく敵対されたようです。

著者、田中未知は、ストレスのもとは、この母親だったと言っていいと書きます。寺山が関係していく若い女性ではなく、この母親が最大で一番のストレスだったと。

寺山の病気はどんどん悪化していきます。劇団を続けられなくなるぐらいになった時に、寺山の看病のために、著者は寺山と恋愛関係のある女性達を周りに集めます。その方が、寺山も安心し、丁寧で細やかな看病ができるだろうと判断したのです。

A子、B子、C子（本では実名が書かれています）が、手分けして食事を作ったり、看病したりします。

母親は、一人でアパートに帰って来いと寺山に要求します。アパートで母親と二人きりの生活に戻れば、寺山の病気が悪化するのは明らかと、著者は必死で母親の要求をはねつけます。

寺山の看病は、三人に任せて、著者はマネージャーとして、忙しく寺山の不在の調整を続けます。

病気で苦しむ寺山は、著者に、「もうこの三人から手を広げないからね」と、著者の確認を取るように言うのです。著者は「笑うしかない」と書きます。

もちろん、この本には、女性関係だけではなく、60年代から70年代の時代の息吹が瑞々しく書かれています。

若者達が自分達の手で文化を作り上げようとし、既成の価値観を破壊し、まだ見ぬ何かに向かって熱病のようにあがいた記録が記されています。

今となっては、若い読者は想像もつかないでしょうが、「性と文化の革命」や「フリー・セックス」の影響が、寺山の行動にも筆者の感覚にもあったと思います。

著者は、寺山がなくなった後、オランダに渡りました。寺山に関して長く沈黙していましたが、たくさんの彼に関する評論や伝記が出て、多くの嘘や中傷があることに納得できず、本当のことを書こうとこの本を出したと書きます。

著者、田中未知には、『質問』という著書があります。

質問だけが三百六十五個、書かれた本で、「あなたが見た風の形を記述できますか」「もし鳥になれたら最初にどこに飛んで行きたいですか」「ここより一番遠い場所とはどこでしょう」「行く道と帰り道とどちらが好きですか」「一番好きな悩みはなんですか」というような、とても想像力を刺激する質問が続きます。

寺山修司の秘書であり恋人というだけではなく、クリエイターとしても才能があった人なんだなと思います。

この本は、ある激動の時代の記録であり、寺山修司への永遠のラブレターだと感じます。

× × ×

立川談志という落語家さんが昔、「落語は人間の業を描くものだ」と言ったことがありました。

人間というもののどうしようもなさ、だらしなさ、いいかげんさ、だからこその愛おしさを描くのが落語なんだということでしょう。

人間はそんなに真面目でも品行方正なものでもない。それを認める所から始めよう、ということかもしれません。

二冊目の本、『安部公房とわたし』（2013年）は、女優の山口果林《かりん》が、安部公房と出会い、どう恋に落ち、どう苦しみ、どう愛し、どう悩み、どう葛藤し、どう生きたかを書いた記録です。

これもまた、フィクションの物語ではありません。事実を書いたものです。

寺山修司との関係を書いた田中未知との違いは、山口果林が安部公房と恋に落ちた時、彼は妻帯者だったということです。

その結果、Amazonのレビューでは、「山口果林さんという女優さんのイメージが崩れてしまった」とか「自分勝手な言い訳ばかりでガッカリ」とかかれたりしています。

「不倫」であるということで、とにかく、否定されるのです。

二人は、桐朋《とうほう》学園大学短期大学部演劇科の学生と教授という形で出会いました。

じつは、僕も同じ大学でずっと教えています。ある時、女子学生が深刻な表情で「相談がある」とやってきました。

「じつは友人が犯罪を犯しているんです」と彼女は言いました。

驚いて、何をやってるんだ、窃盗なのか詐欺なのかドラッグなのかと身構えて聞くと、「不倫です」と、その女子学生は深刻な表情で言いました。

僕は唖然としました。「いや、それは犯罪じゃないだろう」と思わず言い返すと、

「何言ってるんですか。相手の妻から訴えられて、慰謝料を払わないといけなくなるんですよ」と、女子学生は理解できないという顔で僕を見ました。

普通の大学の会話なら、「そうだな、それは困ったことだ」と言い、「ただし、犯罪は刑事で、慰謝料は民事だから、犯罪ではないんだ」と話を続けたかもしれません。

でも、演劇系の大学です。演劇は、人を描くのです。

「不倫」が入口で否定されるのなら、例えば、『アンナ・カレーニナ』は、夫がいるのに、不倫した最低の女の話になります。演じている場合じゃないでしょう。

いいえ、僕は「不倫」を肯定するとか、認めろとか言っているのではないです。

人間を描く演劇の大学に入り、俳優を目指しているのなら、「不倫は犯罪だ」と深刻になるより、「不倫をする人間」の気持ち、苦しみや世間体の怯えやそれでも付き合う喜びやお互いの将来に対する複雑な思いを丸ごと想像して、「どういうアドバイスをすればいいですか？」と教授に聞くことが大切なんじゃないかと考えるのです。

ただし、女子学生の心配も分かる気がします。日本はずっと男性中心主義が残ったままです。女性の地位を示す「ジェンダーギャップ指数」は、２０２４年は１４６カ国中１１８位です。

相談に来た彼女は、「不倫で割を食うのは女性」とか「女性の方が男性より強く責められる」と感じていたから、深刻な顔になったのかもしれません。

　芸能人の場合も、よっぽどゲス不倫でない限り、まだまだ男性には甘く、女性には厳しいケースが続きます。

「浮気は男の甲斐性」などという言葉で、女性を都合よく利用する男は、まだまだ生き延びている可能性があります。

　ですから、友人を心配する彼女の気持ちも分かりますが、それでも、その心配の仕方は、あまりにも道徳的で品行方正だと感じました。

　時代は、男性優位主義を残したまま、いびつに品行方正で清潔になり続けているといえます。つまりは、不寛容ということです。

　道徳的で清潔になることが良いことだとしても、クリーンになり過ぎた結果、人間の「業」を頭から全否定してしまうと、とても生きにくい世の中になると、僕は勝手に心配しているのです。

　さて、大学で出会った二人は、やがて、山口が安部の芝居を手伝うようになって徐々に接近していきます。二人の年齢差は二十三歳でした。

　二人は、ドライブしながら、いわゆるラブホテルで「密会」します。安部公房は、ノーベル賞の候補と噂されるぐらいの世界的に有名な作家であり、妻子持ちですから、当然の行動といえます。

ちなみに、「山口果林」は、安部公房が考えた芸名でした。

山口も女優の階段を昇り始めます。安部の作品の主役に抜擢《ばってき》され、NHKの朝ドラ『繭子《まゆこ》ひとり』の主役に選ばれ、歌手デビューもします。

彼女は、NHKの朝ドラのヒロインに選ばれた時、もう別れなければいけないと決意します。スキャンダルが出れば、大騒ぎになり、仕事を失うだけではなく、いろんな方面に迷惑をかけてしまうことになると考えたのです。

けれど、二人で東北旅行に出ても、別れは切り出せませんでした。

やがて、彼女は安部が見つけてきたアパートで暮らし始めます。週に一、二回の逢瀬。忙しい彼女が、本来の自分を取り戻す、貴重なかけがえのない時間だと感じていました。

ただし、いつまでも「熱病のような状態」が続くとは思っていませんでした。

やがてくる別れの時期までに、「できる限りのものを吸収する。別れの時期も克服して、女優と作家・演出家の立場で同志になれれば」と考えていました。

その時は、「家庭を壊す」とか「こんなに永久的な関係になる」なんて考えもしなかったと、山口は振り返ります。

二人は、「さよならの別れの言葉をいつも心の底に持っている関係でいようね」と話し合っていました。

「そして嫉妬心とは完全に無縁な自分に務めた」「夫人に申し訳ない気持ちはあったが『夫人のほうが私の女優としての才能を認めている』と安部公房が話してくれたことがある」

「務めた」と書くのですから、当然、嫉妬心はあったと考えるのが妥当でしょう。ただ、彼女はそれを押し殺し、夫人に対する申し訳ない気持ちも、安部のよく分からない言葉でごまかしたのだと思います。

やがて、安部は自らの劇団『安部公房スタジオ』を結成し、山口はその主要メンバーとして参加します。

他には、仲代達也、田中邦衛、井川比佐志など、錚々《そうそう》たるメンバーでした。

そして、安部公房夫人も、美術・衣装のスタッフとして参加するのです。

稽古が終わると、安部はまず、山口のアパートに寄りました。ただし、泊まることは絶対にありません。

そういう日々を過ごすうちに、女優と演出家というより、女と男と感じることが強くなっていきます。山口は、自分の中に、安部公房の存在が定着し始めるのを感じたのです。

「ただ、スキャンダルで自分のキャリアが崩れ去るのだけは避けたかった」と、彼女は正直に書きます。

安部の存在が大きくなるにつれて、安部の家庭が気になり始めます。

地方公演に出るようになって、山口は嫉妬に苦しむようになります。地方公演では、美術担当の安部夫人、安部真知も一緒に参加するのです。

安部公房と夫人は、二人だけホテルに泊まり、他の俳優やスタッフは旅館の大部屋に泊まります。

カップルとして行動する安部公房夫妻を目の前にして、彼女は「動揺する。息苦しくなる」のです。

やがて、二人の関係は、夫人に知られることになります。

安部は山口と別れるつもりはないとはっきりと夫人に告げます。山口は夫人に問い詰められます。「私たちには、いまだに週二回の夫婦関係があるの。彼は離婚したくないと言っている」

連日、夫人は山口に電話します。安部からは、夫人が京王線に飛び込もうとするのを慌てて止めたと聞かされます。彼女は「混乱し、怯《おび》え、萎縮《いしゅく》」します。

劇団公演では、衣装の手直しを頼んでも、衣装担当の夫人は無視しました。

彼女は『安部公房スタジオ』を離れようと決心します。

時を同じくして、安部はスタジオの休止を決めます。

そして、安部と離れて、映像の仕事を続ける山口に、夫人との別居を決めたと安部は告げるのです。

自由に連絡できるようになって、安部は離婚して山口と結婚したいと言うようになります。

が、安部公房の担当編集者であり、新潮社の常務であったN（本では実名）は「ノーベル賞の授賞までスキャンダルなど起こしてほしくない」と安部公房に強く進言します。

やがて、安部が体調を崩した時に、ようやく、担当編集者は結婚を認めます。

「Nくんが結婚させてくれるって」

安部は山口に告げます。

が、安部は、山口のマンションで体調を崩し、緊急入院し、帰らぬ人になります。

それが、マスコミに知られ、大スキャンダルになるのです。

この本は、山口から見た、「二人の恋の話」です。

別の立場になれば、当然、違う見方があるでしょう。

安部公房夫人や娘からすれば、「全然違うことを書いている」と思うかもしれません。

でも、それでいいと思います。「事実は存在しない、解釈だけが存在する」と言ったのはニーチェですが、恋なんて、その最たるものでしょう。だって、恋に溺《おぼ》れている時は、自分の気持ちさえ、自分で分からないのです。

こんな苦しいことはもうやめようと思った次の瞬間に、どんなに苦しくてもずっと続けたいと思い、また次の瞬間に心が変わるのです。

「不倫」の話ですが、ここには、恋に対するあらゆる感情が詰まっています。そのなんと豊穣《ほうじょう》で素敵で感動的なことか。

まさに安部公房に対する熱烈なラブレターとしての一冊です。

× × ×

多くの物語は結婚で終わります。結婚で終わらない場合は、妊娠・出産で終わります。

でも、それは何の終わりでもなく、始まりにすぎないと私達は知っています。「シンデレラ」が本当に大変なのは、王子様との結婚式が終わってからだと、みんな知っているのです。

なのに、「二人は結婚しました。めでたし、めでたし」という物語が流通し、人々に受け入れられます。

３冊目の本は、『らも　中島らもとの三十五年』（２００７年）です。著者は、らもの妻、中島美代子。

中島らもは、２００４年、五十二歳で亡くなりました。酔っぱらって、飲み屋の階段を踏み外し、転落して大ケガを負い亡くなったニュースを聞いたとき、中島らもを知っている人達は、驚き、悲しみながら、らもらしい「死の迎え方」だと納得しました。

もう亡くなって二十年以上になりますから、若い読者の中には、知らない人も増えてきているかもしれません。

酔っぱらいであり、大麻解禁論者であり、作家であり、ミュージシャンであり、劇作家であり、コピーライターであり、『明るい悩み相談室』の回答者でもあり、さらにいろんな仕事をしていました。

僕も一度、対談しましたが、どこかひょうひょうとして、どこまで本気でどこまでジョークか分からない雰囲気の人でした。

その妻、美代子が、らもの死後、彼との三十五年を振り返って書いた本です。中島らもの破天荒の人生が描かれているのかと思ったら、中島美代子は、らもと同じかそれ以上の「波瀾万丈の物語のような人生」を生きていました。

初めて会ったのは、彼女が十九歳の短大生、らもが十八歳、灘高校の三年生。二人は仲間を介して出会い、恋に落ちます。

らもは、女性とつきあったことがなく、初めて神戸の保久良《ほくら》山でキスをした時、思わず「ごめん」と言います。

彼女は「ううん、そんなことないよ私、誰とでもキスするから」と言ってしまいます。

じつは、「私には中学のときから恋人がいた。キスも、セックスも、私にとっては相手が望めば応えるもの、一つのコミュニケーションのようなものでしかなくて、それほど大きな意味があるものではなかった」のです。

彼女の言葉を聞くと、「悲しいこと言うね」とらもは顔を曇らせました。

「らもがあまりにも哀しそうで、淋しそうだったから、私は胸を衝かれた。『あ、ダメだわ。私がちゃんとしないと、らもは、死んでしまうんじゃないか』（中略）私は、この瞬間、らもに恋をした。そして、そのときから三十四年間を共に過ごすことになる」

らもは彼女とつきあいだして、劇的に変化します。

高校生なのに、「授業をボイコットし、シンナーを吸い、睡眠薬を飲み、酒を飲み、音楽と活字に耽溺して毎日をようやく生きのびていたらも」は、「心の中に大きな虚無が巣くって」いて、「不安と、怒りと絶望の塊」でした。なのに、らもは「恋をしてはじめて明日を信じた」のです。

ちなみに、筆者は敬虔《けいけん》なカソリック信者です。同時に「中学生がセックスすることがいけないことだという倫理観など持っていな」いのです。ただ「求められれば拒否」しません。なぜなら「人を思いやり、親切にしなくてはいけない」と思っているからです。

それから二人は「正真正銘、狂ったような熱愛時代」に突入します。

彼女は社会人、らもが大学四年生になる直前、二人は結婚します。

やがて、子供が二人産まれます。

二十六歳のらもの前に十九歳の女性Ｆ（本では実名です）が現われたりしました。

徐々に二人の仲は近づき、らもの様子が変わってきます。

美代子は「人が人を好きになることは誰にも止められない」「私が先にらもと出会ったばかりに、まだ十九歳の女の子を苦しめることになるなんて。私はどうしたらいいんだろう」と困惑します。

やがて、十九歳の女の子Fは、この関係から逃げるように東京に行きます。らもの人柄を慕ってか、二人の自宅には、さまざまな人が集まっていました。酔っぱらいはもちろん、睡眠薬やハイミナールをきめている友達もたくさんいました。もちろん、らもは酒も薬もやっていました。十人もの人が居候していたこともありました。

著者は書きます。

「あの頃、らもも私も何人の人と寝ただろう。らもは、他の女の子とやりたかったんだろう。でも、私は他の人と寝たかったわけではない。ただ、ラリっていたし、そういう雰囲気だったし、何より、私はらもに『彼としいや』と言われるので、少々嫌いな相手でもやった」

らもの家に友達が女の子を連れてくる。その女の子とセックスしたいと思ったのに、らもの方が断然カッコいいから、女の子はみんならもとやりたがる。らもがその子を二階の寝室に連れて行ってしまう。

「残された男の子が炬燵《こたつ》に入って一人しょんぼりしているのを見ていると、可哀相になって私はついつい声をかけてしまう。私は淋しそうな人をほうってはおけない。『我々もやる？』男の子たちは、みな、こくりと頷いた」

やがて彼女も、本気で好きだと思う人ができます。

「ただ彼への気持ちとらもへの気持ちは明らかに違うものだった。たとえ誰を好きになっても、らもという存在は、私の心の中では特別、断トツなのだ。ホームグラウンドはちゃんとあり、そこからちょこちょこ遊びに出たくなってしまうのだ。

面白そうな人がいたら、ちょっとつきあってみたいと思うけど、寝てみると、すぐに冷めてしまう。こんなんだったの？　誰とつきあっても、らもに比べるとみんな見劣りがした。

私は、らもが別の女性とセックスしていても、平気なつもりだった。悲しみや不安は感じてないと思っていた。だって、その頃はもう、らもに対する気持ちは恋愛とはまったく別のものになっていたから。

私たちは結婚して、恋人から家族になった。らもとは慈しみ合い、協力し合って子供を育てていければそれでいいと思っていた。それ以外のことはすべて仕事のようなものだった。家に押しかけてくる人の世話をするのも、セックスするのも、酒を飲むのもコーヒーを飲むのも、みんな一緒のこと。（中略）らもと私を結ぶものが切れるはずがないと信じていた。でも、今、考えてみると、私の深層心理には、いろんな女の人と手当たり次第セックスしている、らもに対する反発と怒りがあったと思う」

中島らもはますます有名になり、やがて、劇団を旗揚げします。そこに、十九歳の時に出会い、関係ができ、東京に去った女性Fも参加します。

そして、また関係が始まるのです。

今度は、らもはFと一緒に住むようになります。妻の手から、らもを奪う形になるのです。

ホントかと疑うほど、波瀾万丈な出来事が続きます。

まあ、一番の原因は、らもが常に酔っぱらい、薬をやり、時にはマリファナをしたりして、「正常」から逸脱し続けているからだとは思うのですが、妻、美代子のスタンスも、一般の人が考える「正常」とは大きく違うのです。

「終章」で、美代子は、らもの死に対してこう書きます。

「私は、カトリック信者なので、死は怖いものではありません。この世の務めを終えて、神に召されて天国へ行く。それは何かを達成したことを意味しているので、決して悲しいことではないし、魂が存在し続けることも知っています」

「これからも私は、あの保久良山の素敵なキスの思い出を胸に抱いて、中島らもの妻として、あなたと共に生きていきます。一人は一人だけど、二人は一人でしょ？　あとでゆっくり、天国で会おうね」

あまりにも赤裸々に書かれた記録に言葉を失います。言い訳とかごまかしとか嘘から遠い言葉の数々に、知らずに感動してしまいます。

この本もまた、魂の記録であり、強烈なラブレターだと感じます。

×　　×　　×

最後、4冊目の本は、『表裏井上ひさし協奏曲』（2011年）。井上ひさしの最初の妻であり、劇団『こまつ座』の代表だった西舘好子が書いた、彼との記録です。

当然、離婚した理由も書いています。

僕は、一時期、日本劇作家協会という日本の劇作家が集まった組織の会長をしていました。

初代の会長が井上ひさしさんでした。

もともと、井上ひさしさんが「日本の劇作家の地位を向上させませんか」という目的で組織の結成を呼びかけました。

一匹狼といいますか、群れることが嫌いな劇作家も多かったのですが（僕もその一人ですが）、演劇界の重鎮、井上ひさしが声をかけたことで、一気に人が集まりました。

初期、わいわいとみんなで集まり、「プロデューサーは、海外の戯曲だと、契約通り、総予算の5％を脚本料として払います。でも、日本の戯曲だと、1％も払われません」なんていう井上さんの知識に、「なんとまあ」と憤慨し、劇作に関する井上さんのウンチクに「なるほど」と興奮しました。

本当に幸せな時期だったと思います。

その時の井上さんは、終始ニコニコと穏やかに微笑まれていました。

「岸田國士戯曲賞」という、演劇界の賞の選考委員を、僕は一時期、務めました。井上さんも選考委員で、入賞作に良いものがなく、今年は「該当作なし」にしようかという議論が進んでも、井上さんは必ず「いいえ、作品のいいところを見つけて、どれかには必ず賞をあげましょう」と、否定より肯定することをモットーにしていました。

そんな井上さんからは、想像もできない部分、妻に対する激しい暴力が、この本には書かれています。

著者と井上さんが離婚した時、マスコミは著者の不倫が原因と報じました。でも、それは原因ではなく結果だと分かります。

この本を読んで、僕は驚きましたが、だからと言って、井上さんを全否定する気持ちにはなりませんでした。

この本は長い間、大手の出版社にとってタブーでした。出版はもちろんですが、紹介することさえ避けられていました。

ただ、２０１０年に井上さんが亡くなって、それなりの時間が流れました。

この本に対して、客観的なスタンスを取る時期なのではないかと思います。

衝撃の一冊ですが、「作家」「表現すること」「愛」「憎しみ」「二面性」「才能」「狂気」「夫婦」など、さまざまなことを考えるきっかけになります。いえ、二人の生き方を読者に突きつける本です。

×　　×　　×

僕はテレビ番組の『開運！なんでも鑑定団』がとても好きです。

それは、「物語」の展開を簡単に裏切ることがしばしば起こるからです。

親の形見として大切にしてきた国宝級の掛け軸が、真っ赤なニセモノで三千円と鑑定されたり、友達の借金を肩代わりしてお礼にもらった何百万と言われた壺が五千円だったり、物語だったら「いや、その展開では読者や観客は納得しない！」と、プロデューサーや編集者が叫びそうになることが起こります。

そのオンエアを見るたびに、「人生ってそうだよなあ」とつぶやくのです。

物語を作っていると、プロデューサーや編集者から「キャラクターは成長しなければいけない」とか「一度、主人公は苦境に入って、そこから這い上がる」「観客に最終的にカタルシスを与えること」なんていう「物語の定説」を何十回も何百回も聞きます。

読者や観客もまた、「主人公は今はどん底だけど、やがて間違いなく成功するだろう。さてさて、どんな方法でいくんだろう」なんて、「物語としての満足」を前提に考えるようになります。

でも、『開運！なんでも鑑定団』は、時々、その期待を軽やかに裏切ります。

もちろん、毎回裏切っていたら、番組としての人気は出なかったでしょう。

人生において「はずれクジ」を引く確率よりははるかに低いでしょうが、「ほら、人生ってこんなことでしょ」と、番組は「物語の定説」を打ち壊すのです。

その時、僕は、苦さとある種の満足を感じます。やっぱりだよなあ、そんなにうまい話が転がっている訳ないよなあという納得からくる満足です。

そして、「こういうこともあるのが人生さ。それでも、生きていかないとね」と、大人の決意をするのです。

「人生には希望が待っている」とか「がんばればば努力はかなう」という青春の決意ではなく、「がんばればなんとかなるという保証はないけれど、他にすることはないから、とりあえずがんばろう」という大人の決意です。

今回紹介した４冊は、そんな大人の決意と大人の希望を与えてくれる本なのです。

Chapter 16

辻村深月
『傲慢と善良』

（2019年）

高校を出て、二十年たった時に同窓会がありました。

学年全体の同窓会だったので、結構な人数が集まりました。

やあやあと懐かしい顔と話していると、同窓会の運営メンバーが名簿を配り始めました。

今現在の各人の現状を一覧表にしたものでした。名前と住所、電話番号や仕事が書かれていました。現在の状況が分からない人間には、住所等の後ろに（実家）という表記がついていました。

ハッとしたのは、女性の多くの名前には、（旧姓）という注釈がついていたことです。

田中花子（旧姓鈴木）なんて例です。高校を卒業して二十年ですから、大部分の女性の名前には（旧姓）がついていました。

けれど、もちろん、ついてない人もいます。それはつまり、結婚してないということを表すということです。

僕は、瞬間的に嫌な気持ちになりました。自分が女なら、そして独身なら、「いったいなんの権利があって、私が結婚してないということを、勝手に公表できるんだ⁉」と間違いなく憤慨していただろうと思いました。

名簿を作った同級生達に悪意はなかったと思います。むしろ「今の名前を書いただけだと誰だか分からないからちゃんと（旧姓）を書かないと」という、善意でおこなったと思えます。

けれど、その「おもいやり」が、旧姓をつけていない人達には、激しい痛みを与えるだろうと僕は思いました。これは暴力だと。

自分が女性なら、この名簿の存在だけで、絶対に同窓会には出たくないと思いました。

「結婚はまだか？」と言われるのは、親からだけで充分。なのに、親戚のおじさんやおばさんや近所の口さがない人達からも同じことを言われたりするのに、どうして「同窓会」の席でまで晒《さら》されないといけないのか。

ちなみに、百人以上の男性の名前がありましたが、（旧姓）をつけている人は、誰もいませんでした。

「選択的夫婦別姓」に反対している人は、この現状を認めません。希望すれば、男性が自分の姓を変えることができると言い放ちながら、実に95％の女性が自分の姓を変えて（旧姓）の表記になるのです。これは、「強制的夫婦同姓」というものでしょう。

話は戻って、「結婚」という重圧、「結婚しろ」という親からの重圧、「まだ結婚してないの？」という親戚や近所、会社、友人からの重圧を、男性の僕は女性よりは分かってないと感じます。

三十三歳で独身の時、親戚の集まりの時に、父方のおじさんから「結婚はまだなのか？この辺りじゃあ、三十超えて独身なのは、ホモとインポだけだぞ」と、差別極まりない言葉を投げかけられたりはしましたが、ヘラヘラと笑ってやり過ごしただけでした。

『傲慢《ごうまん》と善良』という小説を、「婚活」真っ只中だったり、「恋愛」と「結婚」の真っ只中で揺れ動いていたり、親と「結婚」の話題でぶつかったり、ただ親の言うことに従いながら居心地の悪さを感じていたり、「結婚」できてとりあえずはホッとしたものの、どこか心の片隅に「これでよかったのだろうか」とモヤっている人が読めば、凄まじい衝撃を受けるんじゃないかと思います。

文庫本の帯には、「人生で一番刺さった小説との声、続出」と書かれています。

２０２４年10月時点で、百万部を突破しているそうです。

二人の男女、西澤架《かける》と坂庭真実《まみ》の物語です。二人は婚活アプリで知り合い、交際を始めます。交際を続けて二年。架は三十九歳、真実は三十五歳になりました。

周りから架は、「結婚しないの？」と聞かれます。婚活アプリで知り合った二人なのですから、二年もつきあっているのに結婚しないのは、不自然に思われたのです。

架には、忘れられない女性、アユがいました。自分がまだ若いと思っていて、つまりは傲慢な思いで、「まだまだ結婚は早い」「いつでも選ぶことができる」と、結婚を真剣に考えないで先延ばしにしているうちに、別れを告げられた相手でした。

その思いが真実との結婚をためらわせていました。

真実は、そんな架に黙って従っているように見えました。

ある日、架は真実からの悲鳴のような電話を受けます。それは、ストーカーに自宅に侵入されたというものでした。

真実は群馬で働いた後、東京に出てきたのですが、ストーカーに心当たりがある、群馬で告白されて断った相手なんだと架に告げます。

架は、このストーカー事件の後、ようやく結婚を決めます。ストーカーを避けるために、真実は架の部屋で一緒に住むことになり、真実を守るのは自分しかいないと決意したのです。

結婚式場を決め、真実が結婚のために職場を退職したある日、突然、真実は姿を消します。なんの連絡もないままに。

携帯の電源は入らず、真実がアパートにも群馬の実家にもいません。架の悪い想像は膨らみます。ストーカーに誘拐されたのではないのか。ストーカーに傷つけられたのではないのか。

警察は、しかし、拉致や誘拐としては扱ってくれません。情報が少なすぎるので、事件とは考えられないというのです。

ここから、架の「真実を探す旅」が始まります。

群馬にある真実の実家を訪ねると、実は真実は、群馬で二回、結婚相談所を通じてお見合いをしていたことが分かります。

ストーカーの相手は、その二人のうちにいるかもしれないと、架は、お見合いをアレンジした「縁結び　小野里」を訪ねます。

地元の県会議員の奥様が一人でやっている結婚相談所でした。

小野里は、和装の老婦人でしたが、架と一緒についてきた真実の両親を帰らせて、架と二人きりで話し始めました。

小野里は、架と真実が知り合ったきっかけが「婚活アプリ」だと聞くと、目を輝かせながら、それはどういうものだと聞きました。

その瑞々《みずみず》しい好奇心は、「田舎のお見合いおばさん」のような人かと予想していた架の気持ちを裏切ります。

少女のような軽やかさで「見たいわ」と架に告げて、架は、最新の婚活アプリを紹介しました。

メールを送らなくても、ハートをつけるだけで相手とつながることができる、とても便利になっていると架は説明します。

自分の知り合いに、メールで「個性的なことを書きすぎてしまって、なかなか会うところまで辿り着けなかった」という人がいる。自分のことを分かってもらいたくて、自分の好きな映画や漫画の話を続けたら、相手から連絡が来なくなったと。

その話を聞いて、小野里は、うちにもそういう人がよく来ると言います。

「婚活でうまくいかない時、自分を傷つけない理由を用意しておくのは大事なことなんですよ。自分が個性的で中味がありすぎるから引かれてしまったとか、資産家であるがゆえに、家の苦労が多そうだと敬遠されたとか、あるいは自分が女性なのに高学歴だから男性の側が気後れしてしまった、とか」

小野里は子供のような目になって話を続けます。

「あとは、本当は容姿に自信があるのに、顔が整っているからこそ、男性の側が自分に他の男性がいたかもしれないと気にしているのではないか、とかね。（中略）婚活がうまくいかない理由を、そういう、本来は自分の長所であるはずの部分を相手が理解しないせいだと考えると、自分が傷つかなくてすみますよね」

架は驚きます。近いことをかつて思わなかっただろうかと自分に問いかけます。そういう人は多いんですかと聞けば、小野里は「ええ。特に最近はとても増えているように思います」と答えました。

真実のお見合いのことをもっと教えて欲しいと架は頼みます。最初に来たのは、母親だったと小野里は話し始めます。母親が登録して、最初の男性は母親が選んだと。

驚く架に、珍しいことではない、ここ数年はそういう親が増えている、子供のことを心配して、代理で親同士が本人より先に、お見合いのように会うこともあると続けます。

「結婚はもともと家と家のことですからね。親が動いて当然だと考えていらっしゃる方も多いです」小野里が薄く微笑みます。

お互いの身上書は親が書く場合が多いと付け加えます。

「小野里さんの目から見て、婚活がうまくいく人とうまくいかない人の差って、何ですか」架は思い切って聞きました。

「うまくいくのは、自分が欲しいものがちゃんとわかっている人です。自分の生活を今後どうしていきたいか見えている人。ビジョンのある人」

その言葉に、架は別れた恋人アユの顔が浮かびます。アユは、架と別れた後、早い時期に結婚していました。

「女性は特に、結婚の先に出産がありますから。ビジョンは明確であればあるほどいいでしょうね」

真実は、ここに来た時には、まだビジョンがないように見えたと小野里は言います。

「自分自身が何かを欲しくて結婚を考えたというよりは、結婚する年回りだし、周りにいわれてそういうものだからやってきた、という雰囲気がありました。（中略）出産のこと、老後のこと、このまま一人になってしまうのは怖くないのかと、本人よりも親御さんが怖くて怖くて仕方がないから、まずは動く。焚きつける」

小野里が微笑みながら続けます。

「親御さんに言われれば、本人もおそらくはそういうものかとやる気になるのでしょうけれど、それは、恐怖や不安に突き動かされた社会的な要請によってであって、そこに本人の意志はありません。そして、そんな理由でもうまくいって結婚できるなら、私はそれでいいと思います。そうしなければ、その人たちは結婚しないでしょうから」

　架は思わず反発しました。どうしても結婚しなければならないってものでもないでしょうと。結婚しない自由もある。そう言った後、それは東京の話で、群馬だと通用しないのかもしれませんねと訂正します。結婚しないことで感じる肩身の狭さは都会と田舎では違うと、婚活の話題の時には盛んに言われていると、内心、思い当たったからです。

　しかし、小野里は首を振りました。

　東京とか群馬は関係ない。「独身を選択するも何も、最初から、そこに本人の意志がないんです」

　驚く架に小野里は続けます。

「真実さんを含め、親御さんに言われて婚活される方の大半は、結婚などせずに、このままずっと変わりたくない、というのが本音でしょう。三十にもなれば仕事も安定し、趣味や交遊関係もそこそこ固まって、女性も男性も生活がそれなりに自分にとって居心地がいいものになりますから。けれど、そのまま、変わらないことを選択する勇気もない。婚活をしない、独身でいる、ということを選ぶ意志さえないんです」

架は絶句します。

「ですから、親に言われてでもなんでも強引に、選択しないまま、新しいステージに飛び込む方がいいんです。何も考えないまま結婚して、出産して、それでいいのではないか、と私は思います」

架は、でも真実は、親が選んだ一人目の相手は断ったし、二人目は自分で選んだけれど最終的には断った、だから、意志はあるんじゃないかと反発します。

小野里は、昔は、一人目で決める人が多かったと説明し始めます。でも、今は情報が溢れているせいか、結婚の前提として恋愛を求める傾向が強い。この人じゃない、ピンとこない。ドラマで見たり、話で聞く恋愛ができそうもないと、自分に恋愛経験が乏しくても「この人ではない」と思ってしまう。

それを「理想が高い」と言われると、みんな否定する。理想が高いなんてとんでもない。ただ、合わなかっただけで、自分は決して高望みはしていない。自分が高望みできるような人間でないことはわかっている。謙虚な様子でみんなそうむきになると。

小野里は上目遣いで、試すように架を見ました。

「皆さん、謙虚だし、自己評価が低い一方で、自己愛の方はとても強いんです。傷つきたくない、変わりたくない。（中略）親に言われるがまま婚活したのであっても、恋愛の好みだけは従順になれない。真実さんもそうだったのではないかしら」

……僕はこの部分を読んで、思わず唸りました。

婚活の小説を読んでいると思っていたのに、これは人生の小説なんじゃないかとハッとしたのです。

人生で苦しんでいる人の多くは、自己評価が低いのに、自己愛が強い人達なんじゃないか、それはとても生きづらいことだと胸を突いたのです。

さて、架は、小野里の話を聞いて、恋愛相手を探すのと、婚活は違うんですねと声が漏れます。

小野里はその言葉に、何をいまさらと優しく微笑みながら、『高慢と偏見』というジェーン・オースティンの小説を知っているかと聞きます。

19世紀初頭のイギリスの田舎の結婚事情を描いた恋愛小説の名作ですが、この当時、恋愛するにも身分が大きく関係していた。身分の高い男性がプライドを捨てられなかったり、女性も相手への偏見があったり。それぞれの中にある高慢（プライド）と偏見のせいで、恋愛や結婚がうまくいかない。

それに対して、現代の結婚がうまくいかない理由は、「傲慢さと善良さ」にあるような気がすると小野里は言います。

「現代の日本は、目に見える身分差別はもうないですけれど、一人一人が自分の価値観に重きを置きすぎていて、皆さん傲慢です。その一方で、善良に生きている人ほど、親の言いつけを守り、誰かに決めてもらうことが多すぎて、〝自分がない〟ということになってしまう。傲慢さと善良さが、矛盾なく同じ人の中に存在してしまう、不思議な時代なのだと思います」

善良さは、過ぎれば、世間知らずとか、無知ということになるかもしれないと小野里は付け加えました。

ストーカーに対しては、有効な情報を得られないまま、小野里の家を辞そうとする時、架は思わず、何度も出た「ピンとこない」というのは何でしょうかと聞きます。

真実は、「ピンとこない」という理由で断り、架もまた、婚活の時、さんざん「ピンとこない」と、結婚を迷ったのです。

小野里は、「ピンとこない」の正体について、自分なりの答えはあると言います。

「ピンとこない、の正体は、その人が、自分につけている値段です」

驚く架に続けます。

「値段、という言い方が悪ければ、点数と言い換えてもいいかもしれません。その人が無意識に自分はいくら、何点とつけた点数に見合う相手が来なければ、人は〝ピンとこない〟と言います。——私の価値はこんなに低くない。もっと高い相手でなければ、私の値段とは釣り合わない。（中略）ささやかな幸せを望むだけ、と言いながら、皆さん、ご自分につけていらっしゃる値段は相当お高いですよ。ピンとくる、こないの感覚は、相手を鏡のようにして見る、みなさんご自身の自己評価額なんです」

架は思い出します。かつて、女友達に真実と結婚したい気持ちは何％かと聞かれて、70％と答えたことを。

それはつまり、架が自分自身につけた価値の70％しか、真実はないということでしょう。かつての恋人マユなら100％や120％になるだろうと女友達から言われます。

さて、物語は、この時点で全体の三分の一弱です。

ここから、架は行方不明になった真実を求めて、ミステリー小説のようにさまざまな人に会います。そして、徐々に真実がいなくなった真相に近づきます。

それで半分。小説の後半は、真実の側からの描写です。どうして突然いなくなったのか、何があったのか。驚きの展開が続きます。

ネタバレは絶対に避けたいので、読者のためには、これ以上詳しいストーリーは書きません。

でも、前半の一部分、小野里との会話だけでも、この小説がどれほど鋭く、深いかは分かっていただけると思います。

僕はもう、とにかく、この小野里との会話で、うんうんと唸りました。

そして、後半、真実と母親の関係が描写されるのですが、この部分にもまた、僕は唸りました。

母親が真実のことを心配するあまりしたこと、言ったこと。そして、それを真実がどう受け止めたか。

もし、あなたが今、親との関係で悩んでいるのなら、ぜひ、読んで欲しい。もちろん、結婚に疑問を持っていたり、婚活に苦しんでいたり、親からの「結婚まだなのか攻撃」にうんざりしていたり、「結婚してよかった?」と疑問に思っていたりしたなら、強くお薦めします。

安心していいです。ただ暗く、絶望する話ではありません。

作者の辻村《つじむら》深月《みづき》さんは、ちゃんと希望をくれます。絶望を描写しながら、ちゃんと最後に希望が残ります。

どんなに恋愛や結婚に苦しんでいても、きっと生きていく力を得ることでしょう。たくさんの発見がある物語です。

Chapter 13

村田沙耶香『コンビニ人間』2018年、文春文庫

Chapter 14

ディーリア・オーエンズ／訳・友廣純『ザリガニの鳴くところ』2020年、早川書房

Chapter 15

田中未知『寺山修司と生きて』2007年、新書館

山口果林『安部公房とわたし』2013年、講談社

中島美代子『らも　中島らもとの三十五年』2007年、集英社

西舘好子『表裏井上ひさし協奏曲』2011年、牧野出版

Chapter 16

辻村深月『傲慢と善良』2022年、朝日文庫

■紹介作品及び引用時の底本リスト

Chapter 1

ダニエル・キイス／訳・小尾芙佐『アルジャーノンに花束を　新版』2015年、ハヤカワ文庫

Chapter 2

G. ガルシア＝マルケス／訳・鼓直『百年の孤独』1999年、新潮社

Chapter 3

浜田廣介『泣いた赤おに』1992年、偕成社

Chapter 4

安部公房『友達・棒になった男』1987年、新潮文庫

Chapter 5

太宰治『人間失格』1952年、新潮文庫

Chapter 6

柴田翔『贈る言葉　改版』2007年、新潮文庫

Chapter 7

藤子・F・不二雄『藤子・F・不二雄 SF 短編〈PERFECT 版〉（1）ミノタウロスの皿』より「劇画・オバQ」2000年、小学館

Chapter 8

筒井康隆『新装版　大いなる助走』2005年、文春文庫

Chapter 9

フランツ・カフカ／訳・高橋義孝『変身』1952年（2011年改版）、新潮文庫

Chapter 10

葉山嘉樹『セメント樽の中の手紙』2008年、角川文庫

Chapter 11

ジョン・アーヴィング／訳・筒井正明『ガープの世界』（上・下）1988年、新潮文庫

Chapter 12

村上春樹『羊をめぐる冒険』（上・下）1985年、講談社文庫

本書は、二〇〇八年に『人生に希望をくれる12の物語』として講談社より刊行された単行本を改題・加筆し、文庫化したものです。

異界を旅する能　安田登

「能」は、旅する「ワキ」と、幽霊や精霊である「シテ」の出会いから始まる。そして、リセットが鍵となる日本文化を解き明かす。（松岡正剛）

見えるものと観えないもの　横尾忠則

アートは異界への扉だ！　吉本ばなな、島田雅彦から黒澤明、淀川長治まで、現代を代表する十一人との、この世ならぬ超絶対談集。（和田誠）

ぼくなりの遊び方、行き方　横尾忠則

日本を代表する美術家の自伝。登場する人物、起こる出来事その全てが日本のカルチャー史！　壮大な物語はあらゆるフィクションを超える。（川村元気）

アンビエント・ドライヴァー　細野晴臣

はっぴいえんど、ＹＭＯ……日本のポップシーンで様々な花を咲かせ続ける著者の進化し続ける自己省察。帯文＝小山田圭吾（テイ・トウワ）

ｓｋｍｔ　坂本龍一とは誰か　坂本龍一＋後藤繁雄

坂本龍一は、何を感じ、どこへ向かっているのか？　独特編集者・後藤繁雄のインタビューにより、独創性の秘密にせまる。予見に満ちた思考の軌跡。

日本美術応援団　赤瀬川原平　山下裕二

雪舟の「天橋立図」凄いけどどこかヘン⁉　光琳にはなくて宗達にはある〝乱暴力〟とは？　教養主義にとらわれない大胆不敵な美術鑑賞法‼

建築探偵の冒険・東京篇　藤森照信

街を歩きまわり、古い建物、変わった建物を発見し調査する〝東京建築探偵団〟の主唱者による、建築をめぐる不思議で面白い話の数々。（山下洋輔）

普段着の住宅術　中村好文

住む人の暮らしにしっくりとなじむ、居心地のよい住まいを一緒に考えよう。暮らす豊かさの滋味を味わう建築書の名著、大幅加筆の文庫で登場。

私の好きな曲　吉田秀和

永い間にわたり心の糧となり魂の慰藉となってきた、最も愛着の深い音楽作品について、その魅力を語る、限りない喜びにあふれる音楽評論。（保苅瑞穂）

世界の指揮者　吉田秀和

フルトヴェングラー、ヴァルター、カラヤン……演奏史上に輝く名指揮者28人に光をあて、音楽の特質と魅力を論じた名著の増補版。（二宮正之）

モチーフで読む美術史2　宮下規久朗
絵の中に描かれた代表的なテーマを手掛かりに美術を読み解く入門書、第二弾。壁画から襖絵まで和洋幅広いジャンルを網羅。カラー図版250点以上！

しぐさで読む美術史　宮下規久朗
西洋美術では、身振りや動作で意味や感情を伝える。古今東西の美術作品を「しぐさ」から解き明かす『モチーフで読む美術史』姉妹編。図版200点以上。

印象派という革命　木村泰司
モネ、ドガ、ルノワール。日本人に人気の印象派の絵は、美術史に革命をもたらした芸術運動だった！　近代美術史の核心を一冊で学べる入門書。

既にそこにあるもの　大竹伸朗
画家、大竹伸朗「作品への得体の知れない衝動」を伝える20年間のエッセイ。文庫では新作を含む木版画、未発表エッセイ多数収録。（森山大道）

眼の冒険　松田行正
森羅万象の図像を整理し、文脈を超えてあらわれる象徴的な意味を読み解くことで、デザイン的思考の臨界に迫る。図版資料満載の美装文庫。（鷲田清一）

シャネル　山田登世子
最強の企業家、ガブリエル・シャネル。彼女のブランドと彼女の言葉は、抑圧された世界の女性を鮮やかに解き放った――その伝説を一冊に。（鹿島茂）

グレン・グールド　青柳いづみこ
20世紀をかけぬけた衝撃の演奏家の遺した謎をピアニストの視点で追い究め、ライヴ演奏にも着目、つねに斬新な魅惑と可能性に迫る。（小山実稚恵）

音楽放浪記　世界之巻　片山杜秀
クラシック音楽を深く愉しみたいなら、歴史的な脈絡をつけて聴くべし！　古典から現代音楽を整理し、音楽の本質に迫る圧倒的な音楽評論。（三浦雅士）

音楽放浪記　日本之巻　片山杜秀
山田耕筰、橋本國彦、伊福部昭、坂本龍一……。伝統と西洋近代の狭間で、日本の音楽家は何を考えたか？　稀代の評論家による傑作音楽評論。（井上章一）

歌を探して　友部正人
詩的な言葉で高く評価されるミュージシャン自ら選んだベストエッセイ。最初の作品集から書き下ろしまで。帯文＝森山直太朗（谷川俊太郎）

ちくま文庫

人生《じんせい》にがっかりしないための16の物語《ものがたり》

二〇二五年三月十日　第一刷発行

著　者　鴻上尚史（こうかみ・しょうじ）
発行者　増田健史
発行所　株式会社　筑摩書房
東京都台東区蔵前二―五―三　〒一一一―八七五五
電話番号　〇三―五六八七―二六〇一（代表）
装幀者　安野光雅
印刷所　星野精版印刷株式会社
製本所　株式会社積信堂

ISBN978-4-480-43929-1 C0195